Ginástica Laboral

Instituto Phorte Educação
Phorte Editora

Diretor-Presidente
Fabio Mazzonetto

Diretora Financeira
Vânia M. V. Mazzonetto

Editor-Executivo
Fabio Mazzonetto

Diretora Administrativa
Elizabeth Toscanelli

Conselho Editorial

Educação Física
Francisco Navarro
José Irineu Gorla
Paulo Roberto de Oliveira
Reury Frank Bacurau
Roberto Simão
Sandra Matsudo

Educação
Marcos Neira
Neli Garcia

Fisioterapia
Paulo Valle

Nutrição
Vanessa Coutinho

Ginástica Laboral

Estratégia para a promoção da
qualidade de vida do trabalhador

Josenei Braga dos Santos

São Paulo, 2014

Ginástica Laboral: estratégia para a promoção da qualidade de vida do trabalhador
Copyright © 2014 by Phorte Editora

Rua Treze de Maio, 596
Bela Vista – São Paulo – SP
CEP: 01327-000
Tel./fax: (11) 3141-1033
Site: www.phorte.com.br
E-mail: phorte@phorte.com.br

Nenhuma parte deste livro pode ser reproduzida ou transmitida de qualquer forma ou por qualquer meio, sem autorização prévia por escrito da Phorte Editora Ltda.

CIP-BRASIL. CATALOGAÇÃO NA PUBLICAÇÃO
SINDICATO NACIONAL DOS EDITORES DE LIVROS, RJ

S235g

Santos, Josenei Braga dos
Ginástica laboral: estratégia para a promoção da qualidade de vida do trabalhador / Josenei Braga dos Santos ; ilustração Ricardo Howards. - 1. ed. - São Paulo : Phorte, 2014.
176 p. : il. ; 21 cm.

Inclui bibliografia
ISBN 978-85-7655-479-0

1. Exercícios físicos - Aspectos de saúde. 2. Trabalhadores - Treinamento físico. 3. Lesões por esforços repetitivos. 4. Doenças profissionais - Prevenção. 3. Promoção da saúde dos empregados. 4. Qualidade de vida no trabalho. I. Howards, Ricardo. II. Título. III. Série.

13-07074   CDD: 613.71088
             CDU: 613.65

ph2106.1

Este livro foi avaliado e aprovado pelo Conselho Editorial da Phorte Editora.
(www.phorte.com.br/conselho_editorial.php)

Impresso no Brasil
Printed in Brazil

A Deus, pelo dom da *Vida*; a meus pais, Pedro Pereira dos Santos e Iracilda Braga dos Santos; à minha família, em especial a meus irmãos Rose, Kito, Nalvo e família (Claudia e Yasmin, a pretinha da vó), que em todos os momentos, favoráveis e desfavoráveis, de minha vida sempre me amaram incondicionalmente, apoiaram e ensinaram a superar todas as dificuldades e obstáculos impostos, sem prejudicar as pessoas, na busca por uma qualidade de vida sempre mais digna e com muita fé.

Josenei Braga dos Santos

Agradecimentos

À Escola Municipal Osvaldo Quirino Simões pelos ensinamentos, em especial, a José Antônio Zuchetto (Zuca) e Alice Oda, professores de Educação Física que, desde minha infância, estimularam-me a ser uma pessoa comprometida com a Educação, a Saúde e a Cultura, mostrando o papel fundamental que a escola desempenha na formação do Ser Humano.

Aos professores do curso de Educação Física da Universidade Regional de Blumenau, responsáveis por uma formação profissional de qualidade com respeito e determinação, em especial, aos pesquisadores Sidirley de Jesus Barreto e a Carlos Alberto Vargas Ávila e Clarisse Odebrecht, que sempre me incentivaram na busca pelo conhecimento científico, e a Ivo da Silva e Rui Rizzo, amantes do esporte de qualidade.

Aos Zendron: Décio, Ruth (*in memoriam*) e Isadora; à família Dietrich: tio Adelírio, tia Sueli, Ale, Julli, Day e à vovó querida, muito obrigado pela convivência, pelo amor, pelo carinho e pelo respeito dedicados ao filho, ao irmão e ao neto postiço.

A toda a família Benetti, em especial à Geórgia e à Gabriela; a André, Eleonora, Olívia e Catarina (minha segunda família), e ao nosso dogzinho, o Jota, pelo amor e carinho sempre dedicados em momentos favoráveis e desfavoráveis.

A Matheus Saldanha e Jadir Camargo Lemos, excelentes professores da Universidade Federal de Santa Maria, grandes amigos, orientadores e incentivadores do desenvolvimento de minhas ideias sobre a ginástica laboral em nosso país, de forma ética e consciente por meio do conhecimento.

Aos professores da Universidade Federal de Santa Catarina com os quais pude conviver, em especial a Glaycon Michels, Roberto Moraes Cruz, Antônio Renato P. Moro, Saray Giovana dos Santos e Rosane Rosendo, que me incentivaram na busca pelo conhecimento científico, com muita verdade e fé.

Às garotas superpoderosas Meg Mendonça, Teresinha Isobe, Valquíria Lima e Érica Verderi, e aos mosqueteiros Waldecir Lima, Dilmar Pinto Guedes Júnior, Luis Carnevalli, Luis Cláudio Bossi, Gil de Paula, Yoshio Isobe, Alexandre Evangelista, João Vitorino, Mario Pozzi, Antônio Carlos Gomes, Dartagnam Pinto Guedes e Luis Mochizucki, profissionais referência em sua área no Brasil, meu muito obrigado pelo carinho, pelo apoio, pelas orientações e pelas oportunidades de convívio pessoal e profissional em São Paulo.

Aos pesquisadores do Centro de Estudos em Psicobiologia e Exercício (Cepe/Unifesp), Marco Túlio, Andressa, Eduardo (o Reddullll), Helton (o Onze) e Luciana, obrigado pela força em minhas pesquisas em São Paulo.

A todos os diretores, coordenadores, funcionários e professores de Educação Física do Clube de Campo Bragança, pelo apoio, respeito e carinho despendidos para a realização de minhas pesquisas.

A Evelise de Toledo pelo apoio incondicional e dedicação, pela alegria de viver (*viva la vida*), pelo amor sincero e carinhoso, e a toda a sua família, pela humildade e simplicidade de viver, e a todos os seus amigos, muito obrigado, de coração!

Aos amigos da Clínica Ana Palma de Fisioterapia e Reeducação Postural, pelo incentivo na busca por mais qualidade na área de postura corporal e saúde.

A José Rubens D'Elia e sua equipe, muito obrigado pelos ensinamentos e oportunidade em seus megaeventos.

A todos os meus amigos, com os quais pude conviver de forma fraterna e verdadeira em São Paulo e em Santa Catarina: Rodrigo Fructuoso, Betânia Guenther, Cley Mabba, Luis Roberto Ramos, Cristina Hauser, Família Moro, Gustavo Sá, Gilberto Medeiros, Andrea Miranda e família, Julio Cesar Marchi e família, Fabiana Burger, Alberto Stoppe, Everton e Rosa Campos, Leila Lemos, Marcos e Karen Peres, professor Alcides, Maruí Courseil e família, Sergio Freitas e família, Camila Pimentel, Dalva Marche e família, Luis Fernando Paulin, Silmara Rodrigues e família, Maurício e Marcia Dubard, Luis Carlos Samico, Luis Fernando da Silva (Suquinho) e família, Messias dos Santos e sua família voleibol, Marco Aurélio Lopes, Samuel Amaral, Maurici Leme e aos queridos franciscanos Paulo Back, Atílio Abate (*in memoriam*) e Padre Jeferson Mengali.

E a todos aqueles que esqueci de mencionar, meu muito obrigado por tudo, pois a emoção é sempre maior que a razão.

Josenei Braga dos Santos

Apresentação

O trabalho com o movimento humano requer fundamentação em múltiplas ou várias bases teóricas que vão da Filosofia às Ciências Naturais. Nesses fundamentos, estão contempladas várias dimensões de reflexão e/ou atuação, como a Filosofia, que estuda a natureza de todas as coisas e suas relações, abordando as concepções de corpo e as teorias que interpretam e sentem suas vivências corporais; a Sociologia, que se ocupa dos assuntos sociais e políticos; a Ergonomia, que estuda o trabalho e se preocupa com a adaptação do processo de trabalho ao trabalhador; a Pedagogia, que procura educar o intelecto e o movimento humano; a Psicomotricidade, que aborda o corpo e a mente de forma integrada, relacionando-os com o meio; a Cinesiologia, que estuda os movimentos do corpo para facilitar o trabalho físico; a Fisiologia, que aborda a questão da funcionalidade do corpo; a Anatomia, que trata das estruturas físicas do corpo; e a Psicologia, que influencia a mudança e o controle do comportamento humano.

O importante desse contexto é integrar essas bases e princípios para que o trabalho esteja focado em concepções teóricas claras de ser humano, corpo e movimento e na adoção de procedimentos, métodos e técnicas de intervenção coerentes com as concepções do processo de trabalho.

A ginástica laboral (GL) que, na maioria das vezes, vem sendo desenvolvida como um fator de intervenção nas organizações para controle das doenças ocupacionais, prevenção das lesões por esforços repetitivos e/ou doenças osteomusculares relacionadas ao trabalho (LERs/DORTs), deveria considerar o ser humano de uma perspectiva mais abrangente para ser usada como uma estratégia de promoção da qualidade de vida do trabalhador, buscando a ocorrência de gestos motores autônomos e conscientes nos programas organizacionais que visam à promoção da saúde, à qualidade de vida e ao bem-estar no trabalho.

Prefácio

Atualmente, em um país como o nosso, infelizmente, as questões relacionadas com a adequação ergonômica dos ambientes de trabalho ainda estão longe de ser realidade. Por um lado, as novas formas de organização do trabalho têm cobrado um preço demasiadamente alto para se alcançar os altos índices de produtividade exigidos pelo mercado, aumentando assustadoramente os distúrbios osteomusculares relacionados ao trabalho (DORTs). Por outro lado, a *ginástica laboral* (GL) tem sido alvo de inúmeras discussões quanto a sua abordagem metodológica e seu emprego eficaz na prevenção das chamadas doenças ocupacionais.

Nesse sentido, com o presente livro, pretende-se estabelecer a relação da GL com a Ergonomia, a qual se mostra como uma estratégia efetiva para viabilizar a melhora do ambiente de trabalho e da qualidade de vida do trabalhador. Dessa forma, o autor enfatiza a sua preocupação com o profissional da área de Educação Física, que necessita dos conhecimentos da Ergonomia para poder desenvolver melhor suas ações com os programas de atividade física na empresa, e que tais conhecimentos sejam incluídos nos cursos de bacharelado em Educação Física no Brasil.

A GL pode ser considerada uma estratégia para amenizar os problemas advindos da carga de trabalho, e, assim, melhorar a qualidade de vida do trabalhador. Entretanto, é mister colocar que a ginástica, por si só, não terá resultados significativos para os trabalhadores, se não houver uma elaborada política de benefícios sociais, além de estudos ergonômicos, e da colaboração dos gerentes, dos técnicos de segurança do trabalho, dos médicos do trabalho e dos profissionais de RH. Medidas simples, como volta de férias com ritmo gradativo, adoção de pausas e de rodízio de tarefas, por exemplo, fazem-se necessárias para otimizar o bem-estar humano e promover qualidade de vida.

Durante a última década, vários estudos de intervenção têm sido publicados sobre a eficácia dos programas que objetivam promover uma vida ativa mais efetiva dos trabalhadores, no entanto, poucos estudos têm abordado a disseminação de intervenções eficazes em atividade física. A prática tem evidenciado que o profissional ainda atua com uma abordagem paliativa, pelas características das sessões de GL e, uma vez que grande parte das empresas contratantes ainda não garante estrutura física e financeira para a implantação de Programas de Promoção da Saúde do Trabalhador (PPSTs), há a impossibilidade de inserção dessa estratégia em uma abordagem mais efetiva. Destarte, tem-se percebido uma grande lacuna na literatura envolvendo as abordagens metodológicas apropriadas para o planejamento, avaliação e relatórios de divulgação das intervenções eficazes. Esses estudos ajudariam a elucidar as barreiras e oportunidades para implementação da GL, e a disseminação bem-sucedida de intervenções baseadas em evidências documentadas formaria uma base mais sólida para as ações e para o fortalecimento dessa área de atuação profissional.

Espera-se que, com as diferentes abordagens apresentadas neste livro, fomente-se uma perspectiva positiva na atuação e na mediação dos profissionais de Educação Física com as empresas, para que se estabeleça, de fato, a incursão da GL como uma das estratégias para a melhora da qualidade de vida dos trabalhadores e da construção de uma sociedade mais justa e igualitária.

Tenho certeza de que se constituirá numa obra de referência para o futuro da GL, contribuindo de forma significativa para a qualificação das ações dos profissionais da Educação Física e dos demais interessados pela área.

Antônio Renato Pereira Moro
Professor da Universidade Federal de Santa Catarina
Coordenador do Laboratório de Biomecânica – BIOMEC/CDS/UFSC

Sumário

1 Qualidade de vida no trabalho (QVT) e saúde do trabalhador: contexto e mudanças (Josenei Braga dos Santos) 21

1.1 O contexto do trabalho 21
1.2 Qualidade de vida no trabalho 25
1.3 Doenças ocupacionais: LERs/DORTs 33
Referências 38

2 Aspectos do sistema musculoesquelético no trabalho (Alexandre Crespo Coelho da Silva Pinto | Josenei Braga dos Santos | Evelise de Toledo) 41

Referências 48

3 Caracterização dos programas de ginástica laboral (Josenei Braga dos Santos | Alexandre Crespo Coelho da Silva Pinto | Antônio Renato P. Moro) 49

3.1 Questões históricas da ginástica laboral 49
3.2 Tipologia e fundamentos do lazer e do esporte nas empresas 53
3.3 Contribuições da ergonomia para o desenvolvimento da ginástica laboral 63
3.4 Efeitos físicos da ginástica laboral na saúde do trabalhador 69
Referências 73

4 Variáveis corporais que devem ser observadas no ambiente de trabalho (Josenei Braga dos Santos | Antônio Renato P. Moro) 77

4.1 Postura corporal 77
4.2 Postura corporal no ambiente de trabalho 82
4.3 Força muscular na manutenção da postura corporal 86
4.4 Flexibilidade na prevenção de doenças ocupacionais 88
    4.4.1 Por que alongar? 88
    4.4.2 Tipos de alongamento muscular 89
4.5 Aspectos críticos a serem observados na implementação de PGLs 94
4.6 Fatores críticos que devem ser levados em consideração no desenvolvimento de PGLs 95
4.7 Observações a serem feitas antes de iniciar uma sequência de exercícios físicos 97
4.8 Etapas de implementação do PGL 99
Referências...101

5 Prevenção de lombalgia por meio de exercícios físicos (Pedro Ferreira Reis | Josenei Braga dos Santos | Antônio Renato P. Moro) 105

5.1 Lombalgia 105
5.2 Informações sobre a dor lombar crônica (DLC) e suas repercussões na saúde 111
5.3 Postura sentada no ambiente de trabalho 114
5.4 Proposta de intervenção por meio de exercícios de alongamento e de flexibilidade 118
Referências 122

6 Importância da consciência corporal para o programa de ginástica laboral (Josenei Braga dos Santos | Evelise de Toledo | Sandra de Oliveira Bezerra | Junara Paiva Pereira Macacini)............127

Referências...133

7 Orientações posturais para o desenvolvimento de atividades
(Josenei Braga dos Santos) **135**

7.1 Transporte de carga manual 135
7.2 Posturas de trabalho em pé 138
7.3 Empurrar e puxar carga 141
7.4 Atividades desenvolvidas no escritório 142
7.5 Uso de *notebook* na cama como forma de trabalho 144
7.6 Uso do carro 145

8 Sequência de exercícios compensatórios para melhora da postura no ambiente de trabalho (Josenei Braga dos Santos | Alexandre Crespo Coelho da Silva Pinto | Evelise de Toledo) **147**

8.1 Posturas em pé 149
    8.1.1 Alongamento total 149
    8.1.2 Articulação do pescoço 150
    8.1.3 Articulação do ombro 154
    8.1.4 Articulação da coluna 157
    8.1.5 Articulação do quadril 161
    8.1.6 Articulação do punho 163
    8.1.7 Articulação do joelho 165
    8.1.8 Articulação do tornozelo 167
8.2 Postura sentada 168
    8.2.1 Articulação da coluna 168

Colaboradores **171**

Qualidade de vida no trabalho (QVT) e saúde do trabalhador: contexto e mudanças

Josenei Braga dos Santos

> Que diferença há entre o navio negreiro de quase 500 anos atrás e o de hoje? [...] Não há açoites, nem marcas na pele, mas há açoites na alma, no cérebro e até mesmo no coração.
>
> Vilela e Assunção (2004)

1.1 O contexto do trabalho

O trabalho, desde sua origem, sempre foi e sempre será a base e o alicerce de qualquer ser humano, pois se acredita que, por meio dele, seja possível chegar o mais próximo da felicidade e, assim, conquistar uma qualidade de vida mais condizente com nossa realidade.

Merece destaque, neste capítulo, a busca por um equilíbrio entre ser humano, trabalho e saúde, para que todos (trabalhador e empresa) desenvolvam suas habilidades e competências com mais prazer e felicidade, assim como para que as organizações, ou melhor, os empresários, sempre visualizem e executem ações condizentes com a realidade de seus trabalhadores.

Sabe-se que, com o passar dos anos, sempre se está e sempre se estará ampliando os conhecimentos, desenvolvendo-se biopsicossocialmente e, com a chegada do século XXI, houve um impulso enorme, que causou um imenso progresso tecnológico.

Esses acontecimentos melhoraram e facilitaram nossa vida, porque, de um lado, passou-se a ter mais acesso à informação em curto espaço de tempo (comunicação instantânea), maior conforto proporcionado pelos equipamentos eletrônicos, carros mais eficientes etc. Por outro lado, essas facilidades fizeram que não se movimente mais tanto quanto antigamente. Portanto, o movimento corporal, antes natural e espontâneo, tornou-se uma obrigação e uma necessidade que praticamente não faz mais parte de nossa vida diária, visto que, em razão do progresso industrial-capitalista, tornou-se mais sedentário, mantendo hábitos que contradizem com a evolução humana (Nanni, 2005).

De acordo com Ferreira, Alves e Tostes (2009), a década de referência da crise (1965-1975) marcou o mercado de trabalho no Brasil com as seguintes características: radicalização e endurecimento dos movimentos sindicais; descompasso entre valorização do capital e aumento da produtividade; choque do aumento do preço do petróleo; ascensão das taxas de juros no início dos anos 1970; e redução de investimentos, que impactou as taxas de emprego e de renda.

Esses fatos repercutiram diretamente na qualidade de vida (QV) e na qualidade de vida no trabalho (QVT), ocasionando diversas modificações no processo produtivo, estando entre as principais a terceira fase da Revolução Industrial e a automação, fazendo que a relação do ser humano com o corpo se modificasse e a substituição do trabalhador pelas máquinas fosse cada vez mais recorrente (Pohl, 1997).

No entanto, essas condições de trabalho passaram a exigir um aperfeiçoamento constante e qualificado, demandando do trabalhador diversas transformações radicais, referentes à relação do homem com o trabalho, com o mundo que o cerca, e, principalmente, com seu próprio corpo.

Assim, uma das estratégias – *estratégia*: palavra grega que significa *estrada-guia*, (Carmelo (2000) –, conceito que está voltado para a formulação mental, determinada pela organização de pensamento, pela ação no mundo, propõe como uma das soluções viáveis na busca por saúde, por QV e por QVT, é a formação permanente, ou seja, uma linha de ação voltada para a

Figura 1.1 – Reunião das áreas de conhecimento para desenvolvimento da autorrealização humana no trabalho.

educação e a saúde, a qual, de acordo com Menestrina (1993), centra-se na reunião dessas duas áreas para a autorrealização humana. Para Bastos (1997), as intensas transformações – sociais, culturais, políticas e, especialmente, tecnológicas nas quais estão se configurando novos cenários para este mundo – mostram que diversas mudanças são geradas nos ambientes de trabalho altamente instáveis. Essas mudanças desencadeiam diversos processos organizacionais que precisam lidar com a incerteza, pois, além de serem estruturais, são múltiplas, no plano cultural das organizações, implicando sobre as relações dos indivíduos com o trabalho, as equipes, a gerência e as alterações na própria força de trabalho.

Valenti e Silva (1995) explicam que a participação efetiva de todos os trabalhadores nas decisões das organizações é uma situação importante no ambiente de trabalho, pois levaria o trabalhador a assumir uma posição mais firme no círculo dos debates, gerando mais autonomia, o que pode desencadear análises e interpretações que dependem da cultura organizacional.

Sabendo-se que a sociedade moderna está imersa em equipamentos eletrônicos, Sabaag e Pereira (1992) mostraram que, no Brasil, a exemplo de outros países de economia dependente, uma das tendências predominantes é o uso de tecnologias e processos de produção idealizados em outros países, deixando o trabalhador desprovido de proteção contra as disfunções geradas pelos processos industriais.

Segundo Oliveira (1997), as inovações tecnológicas e organizacionais vêm causando importantes mudanças no mundo do trabalho, referentes a seus aspectos de produção e relações sociais, com repercussões que parecem ser bastante profundas, além de ter consequências para a saúde física e mental dos trabalhadores. No entanto, Valenti e Silva (1995) explicam que, nos locais de trabalho em que se encontram excluídas a variedade, a iniciativa, a responsabilidade e a participação conjunta, torna-se difícil para o trabalhador renovar seu interesse por sua atividade, encontrar satisfação e ter qualidade de vida.

Para Buss (2000), há inúmeras evidências científicas da contribuição da saúde para a QV de indivíduos ou de populações, pois muitos componentes da vida social que contribuem para uma vida com qualidade também são fundamentais para que indivíduos e populações alcancem um perfil elevado de saúde.

1.2 Qualidade de vida no trabalho

O termo qualidade de vida no trabalho, segundo Sampaio (1999), surgiu pela primeira vez na década de 1950, na Inglaterra, quando Eric Trist e colaboradores estudavam um modelo macro para tratar a relação entre o indivíduo, o trabalho e a organização, em busca da satisfação do trabalhador e da redução do mal-estar, diminuição das lesões e do excesso físico no trabalho. Decorrente dessas pesquisas, surgiu essa nomenclatura, tão conhecida nas áreas da Saúde, Exatas e Humanas (Administração, Psicologia, Educação Física, Engenharia de Produção, Medicina etc.), como uma abordagem sociotécnica da organização do trabalho, tendo por base a satisfação do trabalhador no local de trabalho e com o trabalho.

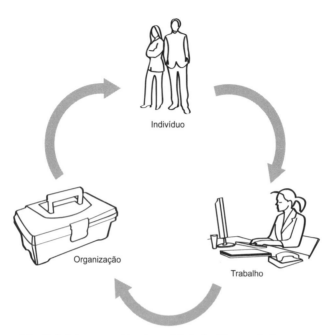

Figura 1.2 – Definição esquemática da qualidade de vida no trabalho.

Para se iniciar esta discussão, primeiramente deve-se entender o que significa QV, pois, para Silva (1999, p. 261), essa percepção

> aplica-se ao indivíduo aparentemente saudável e diz respeito ao seu grau de satisfação com a vida nos múltiplos aspectos que a integram: moradia, transporte, alimentação, lazer, satisfação/realização profissional, vida sexual e amorosa, relacionamento com outras pessoas, liberdade, autonomia e segurança financeira.

Indo ao encontro dessa definição, cabe enfatizar que, nas organizações, esse tema é abordado como um programa, ou seja, programas de qualidade de vida no trabalho (PQVT), cuja origem data da década de 1970, na qual a QVT passou a ser um dos objetos e focos de preocupação e de investimento, sobretudo, nas grandes corporações. Entretanto, esse período foi marcado, em primeiro plano, por um traço importante do movimento corporativo em sua implantação: foi a crise estrutural nos padrões de acumulação taylorista-fordista nos limites sociais e técnicos do modelo de gestão capitalista que estabeleceu as novas bases para a competitividade empresarial (Ferreira, Alves e Tostes, 2009).

Desse modo, como afirma Ladeira (1996), o trabalho torna-se equilibrante quando permite a retomada, pelo indivíduo, de suas aspirações e seus desejos mais profundos, contribuindo para a estruturação de sua personalidade, ajudando-o a realizar-se. Seguindo esse pensamento, muitas áreas de recursos humanos viram-se obrigadas a desenvolver novas estratégias para que a QVT fosse um ponto de excelência em todas as organizações, porque o trabalho humano, quando executado sob condições insalubres ou inseguras, tem efeito direto sobre o bem-estar físico e psíquico do homem, motivo pelo qual muitos pesquisadores e profissionais ligados à saúde e ao trabalho humano começaram a interessar-se e a investigar, até mesmo, as formas mais sutis do impacto causado pelo trabalho no funcionamento psíquico do indivíduo. Essas pesquisas favoreceram a compreensão de algumas doenças ocupacionais clássicas, causadas pela verificação das cargas físicas, químicas, biológicas e fisiológicas do ambiente de trabalho.

Tendo em vista que esse assunto gera inúmeras polêmicas em qualquer ambiente organizacional, Albuquerque e França (1998, p. 41) definem QVT como

> um conjunto de ações de uma empresa que envolve diagnóstico e implantação de melhorias e inovações gerenciais, tecnológicas e estruturais dentro e fora do ambiente de trabalho, visando propiciar condições plenas de desenvolvimento humano para e durante a realização do trabalho.

Segundo Lacaz (2000), a temática da QVT assumiu maior relevância nos anos 1970, dado o esgotamento da organização do trabalho de corte taylorista-fordista, ao qual se associava aumento do absenteísmo, da insatisfação no trabalho e da não adesão dos trabalhadores às metas estabelecidas pela gerência. Esse cenário passou a se consolidar na década de 1980, dada a tendência que se baseava na participação do trabalhador na empresa, tendo como perspectiva tornar o trabalho mais humanizado, uma vez que os trabalhadores eram vistos como sujeitos cuja realização estava calcada no desenvolvimento e no aprofundamento de suas potencialidades. Assim, buscava-se superar a etapa da prevenção de acidentes e de doenças relacionadas diretamente ao trabalho, avançando na discussão dos agravos relacionados que fogem da situação controle (autonomia e poder) que os trabalhadores têm sobre os processos de trabalho; isso significa incluir questões de saúde, segurança e suas relações com a organização do trabalho.

De acordo com Ferreira, Alves e Tostes (2009), a qualidade de vida no trabalho e suas variantes estrangeiras (*quality of life at work, qualité de vieau travail, calidad de vida laboral*) têm sido objeto de interesse crescente dos pesquisadores atuantes no campo das ciências do trabalho (Administração e Psicologia), áreas em que a preocupação com o tema tem mais de meio século. Só nos últimos trinta anos, houve considerável crescimento desses estudos e, em consequência, surgiram formulações teóricas e metodológicas mais consistentes. Historicamente, a QVT tem sido abordada com base em diferentes perspectivas analíticas, expressas por distinções com base em pressupostos norteadores, visão de ser humano, concepção de trabalho, diversidade de indicadores e enfoques de gestão.

Seguindo esse pensamento, Pohl (1997) afirma que o homem se constrói pelo trabalho, ou seja, ao agir intencionalmente sobre a natureza em busca de sua sobrevivência, ele a transforma, ao mesmo tempo que se transforma para a manutenção de seu corpo e de sua própria existência.

Vieira e Hanashiro (1990) esclarecem que as estratégias adotadas pelas organizações visando à QVT podem ser encaradas como uma intervenção organizacional que comprova claramente a seus empregadores que os recursos humanos são a principal mola propulsora do desenvolvimento das empresas, e os recursos tecnológicos e financeiros são mais um dos componentes essenciais para um bom empreendimento. Porque, para esses autores, a administração científica introduziu uma estrutura de trabalho centrada na eficiência e na produtividade, seguindo o modelo japonês de produção, sendo necessária uma mudança no que se refere a divisão de tarefas, hierarquias rígidas e padronização da mão de obra.

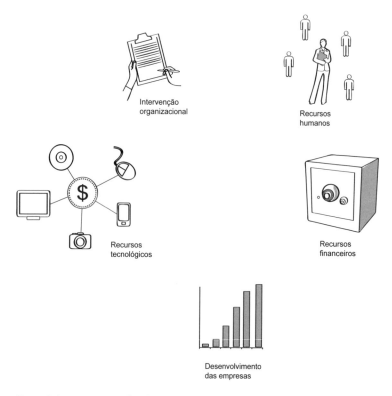

FIGURA 1.3 – Estratégias adotadas pelas organizações visando à QVT.

Atualmente, conforme o pensamento de Ferreira, Alves e Tostes (2009), a necessidade de PQVT nas organizações é resultado de inúmeras mudanças no mundo do trabalho, com destaque para o ritmo intenso das inovações tecnológicas na sociedade da informação, para o crescente conteúdo de conhecimento agregado à produção, para a diminuição do ciclo de vida dos produtos e para os processos de produção que mudam em alta velocidade. As denominadas *indústrias do conhecimento* crescem e exigem, cada vez mais, profissionais qualificados, com habilidades específicas, e solicita aperfeiçoamento constante, pois, pressionadas pela globalização, as organizações são obrigadas a se transformar em instituições mais eficientes e com quadro de pessoal reduzido.

Assim, segundo esses autores, um processo de mudança das profissões tradicionais se instala, exigindo a especialização flexível (agregação de novas tarefas), a flexibilidade funcional (rodízio de atividades, polivalência, multiqualificação) e a politecnia (tarefas complexas, habilidade criativa). Com isso, espera-se do "novo trabalhador" o desenvolvimento de inúmeras capacidades para manusear novas ferramentas tecnológicas, lidar com problemas menos estruturados, relacionar-se socialmente (comunicação, negociação, solução de conflitos), trabalhar em equipes e assumir novas responsabilidades para atuar em ambientes com maior incerteza, com papéis pouco definidos e com equipamentos altamente sofisticados. Um novo paradigma organizacional vai, paulatinamente, firmando-se: não basta garantir a qualidade final de produtos e serviços; é vital que esta considere os colaboradores e venha acompanhada de QVT.

Filho et al. (1987), em levantamento retrospectivo de fichas dos pacientes atendidos no Serviço de Ortopedia e Acidentes do Trabalho do Hospital Zona Leste (SP), identificaram, em um período de apenas trinta dias, que os trabalhadores entre 20 e 40 anos eram os mais atingidos na categoria de acidentes de trabalho (AT). Algumas das análises feitas e sugeridas foram:

- deveria ser fundamental considerar que é exatamente nessa faixa que se encontra com mais frequência uma excessiva autoconfiança do operário e o consequente falso domínio sobre a máquina;

- predominância da incidência de AT durante o período inicial da jornada, que pode estar relacionada com a falta de coordenação psicomotora decorrente de alimentação deficiente;
- aumento de incidência desses períodos de trabalho correspondente ao fim da jornada, que pode ser explicado pelo cansaço físico e mental, em geral presentes nessa fase.

Pereira et al. (2010), ao estudarem a percepção da qualidade de sono e de vida de músicos de uma orquestra, comprovaram que 71% dos pesquisados tinham baixa qualidade de sono e menor escore na QV.

Ferreira, Alves e Tostes (2009), quando estudaram a gestão dos PQVT de órgãos públicos federais, perceberam que se deve exigir urgentemente dos gestores um novo pensamento, novas estratégias e práticas organizacionais, para ser possível tentar responder eficientemente às exigências da nova conjuntura, uma vez que esse "novo fazer" pressupõe reestruturar o "pensar" e o "saber" que guiam a atuação dos gestores. No caso estudado, pareceu prevalecer nesse cenário um enfoque gerencial de QVT incipiente, com baixo grau de coerência interna, segundo uma perspectiva do senso comum, e um modismo, cuja característica é extremamente assistencial, distanciada dos problemas efetivos que comprometem o bem-estar dos servidores públicos.

Tal realidade não existe apenas em órgãos da administração pública, mas, também, em instituições privadas, pois o ritmo acelerado e desenfreado da produção para atingir metas, selos de qualidade, lugar de destaque no cenário nacional e internacional impõe ao trabalhador situações, na maioria das vezes, impossíveis, ou seja, metas incapazes de não afetar sua saúde, o que, consequentemente, prejudicará sua QV e afetará sua QVT.

Conforme a afirmação de Camargo e Duarte (2012), os avanços tecnológicos promoveram mudanças significativas nos processos de trabalho. Novas exigências laborais e competitivas impostas às organizações e transferidas a seus empregados, aliadas à redução da atividade física em decorrência da modernização nos meios de produção e de transporte, tornaram-se fontes desencadeadoras de doenças ocupacionais. Um levantamento epidemiológico realizado pelos autores supracitados sobre a prática de atividade física, com 35.077 trabalhadores inscritos na Ginástica na Empresa do Sesi/SC, mostrou que apenas 16,5% (5.789) praticavam atividades regularmente de três a cinco vezes por semana.

1.3 Doenças ocupacionais: LERs/DORTs

Um dos temas que mais chamam a atenção da saúde do trabalhador são as desordens musculoesqueléticas, uma preocupação em diversos setores no Brasil e no mundo. Aqui chamam a atenção do Instituto Nacional de Seguridade Social (INSS), do Ministério do Trabalho e Emprego (MTE), do Sistema Único de Saúde (SUS), de indústrias, comércio, hospitais e, principalmente, organizações, dado o aumento dos casos que, com o passar dos anos, sobrecarregam o setor previdenciário.

Conforme Oliveira (2002), Cazarin, Gurgel e Silva-Augusto (2002) e Carvalho et. al. (2002), as lesões por esforços repetitivos (LERs), chamadas de distúrbios osteomusculares relacionados ao trabalho (DORTs), são as doenças ocupacionais que mais acometem a saúde do trabalhador de forma epidêmica nas últimas décadas no Brasil e no mundo, constituindo-se um problema de saúde pública, com repercussões sociais e econômicas. Segundo Queiroz e Maciel (2001), a repetição de movimentos no trabalho, determinada pela média da extensão de um ciclo de trabalho repetido e medido do início ao fim, tem sido apontada como a maior geradora de problemas musculoesqueléticos.

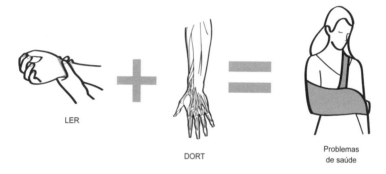

FIGURA 1.4 – Doenças ocupacionais que mais acometem a saúde pública.

De acordo com Walsh et al. (2004), as DORTs podem gerar diferentes graus de incapacidade funcional, sendo consideradas um dos mais graves problemas no campo da saúde do trabalhador.

Na opinião de um dos mais renomados centros de saúde ocupacional do mundo, o Canadian Centre for Occupational Health and Safety (CCOHS, 2000), há dois tipos de LER/DORT:

- distensões musculares no pescoço, nos ombros e nas costas, em virtude de se permanecer sentado por tempo prolongado;
- lesões articulares e musculares por excessiva repetição de movimentos.

Qualidade de vida no trabalho (QVT) e saúde do trabalhador: contexto e mudanças

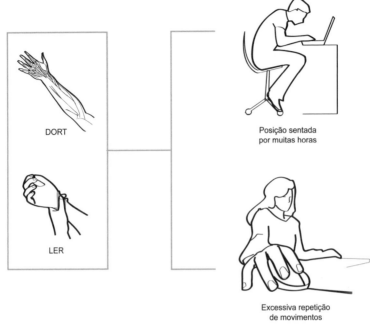

FIGURA 1.5 – Principais fatores que desencadeiam as LERs/DORTs.

Segundo esse centro, diversos sinais de alerta se apresentam como resposta do desequilíbrio muscular no corpo humano nessa fase: dor ou queimação; fadiga; formigamento; adormecimento; perda de força e da habilidade; rigidez (dificuldade para abrir e fechar portas, redução do controle ou da coordenação dos movimentos do corpo); e hipersensibilidade (dor ao toque). As principais causas são a repetição (atividades de trabalho executadas com alta taxa de repetição), a força (atividades de trabalho que requerem aplicação de força muscular excessiva por um tempo prolongado) e a postura (atividades de trabalho que requerem manutenção de posturas fixas e incômodas por um tempo prolongado), que afetam diretamente as articulações, os músculos, os tendões e os nervos.

Conforme Barros e Guimarães (1999), as LERs/DORTs podem ser definidas como uma patologia de caráter sindrômico, que acomete, principalmente, os membros superiores, o pescoço e os ombros, cujo nexo causal é atribuído a determinados tipos e condições de trabalho que se manifestam, na maioria das vezes, por sintomas como formigamento, perda de força muscular e fadiga, levando, em geral, à incapacidade profissional e, até mesmo, de praticar atividades cotidianas. Dependendo do estágio de agravamento, provoca dores violentas na região ou no membro afetado. Em geral, os portadores das lesões apresentam sintomas de depressão, como: desânimo, baixa autoestima, irritabilidade, incapacidade de visualizar perspectivas positivas e distúrbio do sono.

Uma das características que acometem seus portadores é bem evidenciada por Walsh et al. (2004, p. 150), pois, para esses autores,

> além dos gastos com afastamentos, indenizações, tratamentos e processos de reintegração ao trabalho, outro aspecto importante para os indivíduos acometidos por essas lesões é a discriminação. A partir da recidiva de queixas, o trabalhador é visto como um problema pela supervisão e pela gerência da empresa. Também é comum que seja discriminado pelos colegas de trabalho, que se sentem sobrecarregados pelo fato de o colega "doente" reclamar de dor e faltar ao serviço.

Trelha et al. (2002), em estudo conduzido com 77 operadores de caixa, identificaram que 65 (85,5%) desses funcionários relataram apresentar dor em pelo menos uma das regiões corporais nos últimos 12 meses e 63 (82,9%) nas últimas 24 horas. As regiões anatômicas mais acometidas foram: ombros (46,1%), cervical (44,7%), coluna lombar (43,4%) e punhos e mãos (39,5%). Um estudo com 127 indivíduos (31 homens e 96 mulheres) da linha de produção de uma empresa multinacional de médio porte, produtora de materiais escolares e para escritório, mostrou que 40% deles apresentavam histórico de doenças musculoesqueléticas (Walsh et al., 2004).

Trelha e Gutierrez (2002), ao identificarem a frequência dos profissionais que apresentam sintomatologia compatível ou diagnóstico de LER/DORT, mostraram que, dos 170 fisioterapeutas do total pesquisado, 160 (96%) relataram algum sintoma musculoesquelético nos últimos 12 meses e 128 (75%) nos últimos 7 dias. As regiões anatômicas mais acometidas foram coluna cervical (70%), coluna lombar (70%), ombros (45,4%) e coluna dorsal (42,4%).

Já Fonseca e Tambellini (2002), em uma pesquisa feita com 52 trabalhadores de cartórios cíveis, baseada em indicadores de dor referida e distúrbio musculoesquelético, identificaram que 87% fizeram referência a alguma forma de sensação dolorosa: 39% fizeram referência a uma só forma; 27%, a duas; 22%, a três; e 10%, a quatro. Quanto às regiões, registrou-se: cervical (67%), dorsal superior (37%), ombro (44%), braços (18%), mão (13%), tronco (57%) e pernas (26%).

Por acreditar que os fatores abordados anteriormente indicam uma situação emergente, presente o tempo todo no contexto do trabalho, para que os trabalhadores possam desenvolver suas atividades de acordo com suas capacidades é necessária a criação e a implantação efetiva de programas de caráter preventivo e educativo, cujo principal enfoque seja estimular o trabalhador a executar o trabalho de forma prazerosa e consciente, objetivando a melhora de suas características pessoais e profissionais.

Referências

ALBUQUERQUE, L. G.; FRANÇA, A.C.L. Estratégias de recursos humanos e gestão da qualidade de vida no trabalho: o stress e a expansão do conceito de qualidade total. *Rev. Adm.*, v. 33, p. 40-51, 1998.

BARROS, C. A.; GUIMARÃES, L. A. M. Lesões por esforços repetitivos – LER: aspectos psicológicos. In: GRUBITS, S.; GUIMARÃES, L. A. M. *Saúde mental e trabalho*. São Paulo: Casa do Psicólogo, 1999. p. 59-69.

BASTOS, A. V. B. Mudanças tecnológicas, cultura e indivíduo nas organizações: o desafio de construir sistemas de trabalho de alto desempenho. *Psicologia: teoria e pesquisa*, v. 13, p. 317-27, 1997.

BUSS, P. M. Promoção da saúde e qualidade de vida. *Ciênc. Saúde Coletiva*, v. 5, p. 163-77, 2000.

CAMARGO, S. M.; DUARTE, A. P. H. Indicadores de estilo de vida dos trabalhadores da indústria catarinense que participam do programa Sesi Ginástica na Empresa. CONGRESSO INTERNACIONAL DE EDUCAÇÃO FÍSICA, 27. *Anais...* Foz do Iguaçu, 2012.

CANADIAN CENTRE FOR OCCUPATIONAL HEALTH AND SAFETY (CCHOS). *Ergonomia para escritórios.* 2000.

CARMELO, E. *O poder da informação intuitiva*: como assimilar informações com rapidez e criatividade. São Paulo: Gente, 2000.

CARVALHO, L. C. et. al. Prevalência de sintomas musculoesqueléticos em trabalhadores: dados de um estudo de base comunitária. *Rev. Bras. Epidem.*, supl. esp., p. 467, 2002.

CAZARIN, G.; GURGEL,I. G.; SILVA-AUGUSTO, L. G. Grau de informação sobre as lesões por esforços repetitivos (LER)/distúrbios osteomusculares relacionados ao trabalho (DORT) nos concluintes de odontologia em Pernambuco. *Rev. Bras. Epidem.*, supl. esp., p. 466, 2002.

FERREIRA, M. C.; ALVES, L.; TOSTES, N. Gestão de qualidade de vida no trabalho (QVT) no serviço público federal: o descompasso entre problemas e práticas gerenciais. *Psicologia: teoria e pesquisa*, v. 25, n. 3, p. 319-27, 2009.

FILHO, J. D. L. et al. Análise de algumas variáveis relacionadas aos conceitos do trabalho e suas implicações. *Arquivos Médicos do ABC*, v. 10, p. 25-9, 1987.

FONSECA, J. G.; TAMBELLINI, A. T. Dor referida e sintomas correlatos enquanto indicadores de distúrbios musculosesqueléticos em trabalhadores sedentários: estudo exploratório. *Rev. Bras. Epidem.*, supl. esp., p. 4672, 2002.

FRANCISCHETTI, A. C. *Trabalho sedentário*: um problema para a saúde do trabalhador. Campinas: Editora da Unicamp, 1990.

LACAZ, F. A. C. Qualidade de vida no trabalho e saúde/doença. *Ciênc. Saúde Coletiva*, v. 5, p.133-49, 2000.

LADEIRA, M. B. O processo do stress ocupacional e a psicopatologia do trabalho. *Rev. Adm.*, v. 31, p. 64-74, 1996.

MENESTRINA, E. *A educação física numa concepção de educação para a saúde*: procedimentos didáticos-pedagógicos para uma ação eficaz. Ijuí: Unijuí, 1993.

NANNI, D. O ensino da dança na estruturação/expansão da consciência corporal e da autoestima do educando. *Fitness Perfom. J.*, v. 4, p. 45-57, 2005.

OLIVEIRA, R. M. R. O perfil epidemiológico dos pacientes com lesões por esforços repetitivos-LER/DORT no centro de referência em saúde do trabalhador – CRST/ES. *Rev. Bras. Epidem.*, supl. esp., 2002, p. 464.

OLIVEIRA, S. A qualidade da qualidade: uma perspectiva em saúde do trabalhador. *Cad. Saúde Pública*, v. 13, p. 625-34, 1997.

PEREIRA, E. F. et al. Percepção de qualidade do sono e da qualidade de vida de músicos de orquestra. *Rev. Psiq. Clín.*, v. 37, n. 2, p. 48-51, 2010.

POHL, H. H. *O movimento no trabalho e a qualidade de vida*: um cenário alternativo. 1997. Dissertação (Mestrado em Desenvolvimento Regional) – Universidade de Santa Cruz do Sul, Santa Cruz do Sul, 1997.

QUEIROZ, M. F. F.; MACIEL, R. H. Condições de trabalho e automação: o caso do soprador da indústria vidreira. *Rev. Saúde Pública*, v. 35, n. 1, p. 1-9, 2001.

SABBAG, S. N.; PEREIRA, I. M. T. Educação supletiva de trabalhadores e saúde. *Rev. Bras. Saúde Escolar*, v. 2, p. 82-6, 1992.

SAMPAIO, J. R. (Org.). *Qualidade de vida, saúde mental e psicologia social*: estudos contemporâneos II. São Paulo: Casa do Psicólogo, 1999.

SILVA, M. A. D. Exercício e qualidade de vida. In: GHORAYEB, N.; BARROS-NETO, T. L. *O exercício*: preparação fisiológica, avaliação médica, aspectos especiais e preventivos. São Paulo: Atheneu, 1999. p. 261-66.

TRELHA, C. S. et al. Prevalência de sintomas musculoesqueléticos em operadores de caixa de hipermercado da cidade de Londrina/PR. *Rev. Bras. de Epidem.*, supl. esp., p. 464, 2002.

TRELHA, C. S.; GUTIERREZ, P. R. Distúrbios osteomusculares relacionados ao trabalho em fisioterapeutas da cidade de Londrina. *Rev. Bras. Epidem.*, supl. esp., p. 464, 2002.

VALENTI, G. D.; SILVA, R. S. Trabalho criativo e ética: o início da nova história. *Rev. Adm. Emp.* v. 35, p. 22-9, 1995.

VIEIRA, D. F. V. B.; HANASHIRO, D. M. M. Visão introdutória de qualidade de vida no trabalho. *Rev. Gaúch. Enferm.*, v. 11, p. 41-6, 1990.

WALSH, I. A. P. et al. Capacidade para o trabalho em indivíduos com lesões musculoesqueléticas crônicas. *Rev. Saúde Pública*, v. 38, n. 2, p. 149-56, 2004.

Aspectos do sistema musculoesquelético no trabalho

Alexandre Crespo Coelho da Silva Pinto ı
Josenei Braga dos Santos ı Evelise de Toledo

Toda atividade profissional necessita de trabalho muscular, seja para tração ou pressão seja simplesmente para manter a postura e a realização de gestos e movimentos representativos da tarefa (o que está prescrito) ou atividade (o que se fez) no contexto do trabalho.

No corpo humano, há um conjunto de estruturas anatômicas que compreendem ossos, músculos, tendões e articulações. Esse sistema é chamado de *musculoesquelético* e participa da sustentação corporal: proteção de órgãos internos, realização de movimento, metabolismo de compostos orgânicos, como células do sangue e minerais que compõem os ossos.

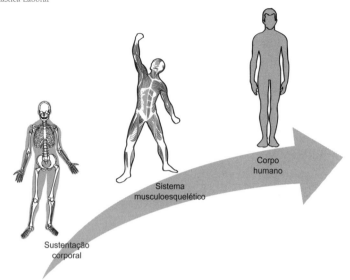

FIGURA 2.1 – Conjunto de estruturas que compreendem o corpo humano.

O corpo humano está habilitado para o movimento. Para cada movimento atuam, pelo menos, dois músculos: o agonista ou sinergista, músculos que trabalham em conjunto, como uma equipe, cooperando para a execução do movimento; e, também, o antagonista, que se opõe ao movimento (Bompa e Cornacchia, 2000). Por exemplo, ao flexionar (dobrar) o cotovelo, há uma contração do bíceps e uma extensão do tríceps. Os músculos podem funcionar de forma mais ou menos complexa, fazendo parte de um conjunto mais amplo e permitindo várias combinações de movimentos.

Para elucidar esse funcionamento muscular, Bompa e Cornacchia (2000) mencionam que, nos músculos, há dois tipos de nervos:

- *motores*, que emitem impulsos ao sistema nervoso central (SNC) para as terminações nervosas;
- *sensoriais*, que emitem informação ao SNC a respeito de sensações, como dor, de orientação dos segmentos corporais.

Aspectos do sistema musculoesquelético no trabalho

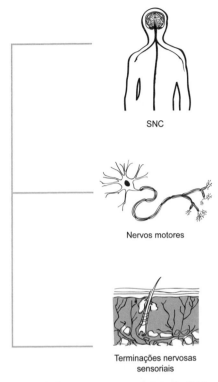

Figura 2.2 – Esquema do funcionamento muscular pelo SNC.

Outro ponto muito importante na fisiologia muscular, muito pouco usado pelos orientadores de ginástica laboral (GL), é saber quais os tipos de contrações musculares existentes para a execução do movimento. De acordo com Fleck e Kraemer (1999), Powers e Howley (2000), Bompa e Cornacchia (2000), Bompa (2002), Domingues-Filho (2008) e Verderi (2011), essas contrações podem ser definidas como:

- *isométricas* (estáticas): do grego *isos* = igual e *meter* = medida; contrações comuns nos músculos posturais do corpo, os quais atuam para manter uma posição corporal estática durante diversas posturas de trabalho (em pé, sentado, deitado etc.); ou seja, ocorrem quando um músculo exerce uma força, mas não encurta, quando o músculo se contrai até um comprimento fixo, sem atuação de força externa;

- *isotônicas* (dinâmicas): do grego *isos* = igual e *tonikos* = tensão; contrações que resultam no movimento de partes do corpo, causando aumento da tensão muscular, na qual os ângulos articulares são alterados quando parte do corpo se move.

Esse tipo de contração divide-se em duas classificações:

  - *concêntrica*: ocorre quando um músculo é ativado e encurta;
  - *excêntrica*: ocorre quando um músculo é ativado, havendo uma força produzida, e o músculo se alonga.

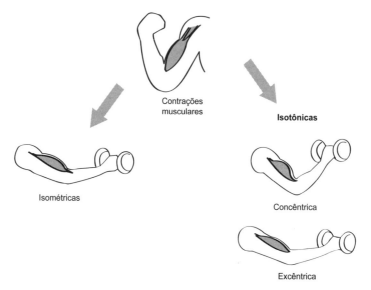

Figura 2.3 – Tipos de contrações musculares para o movimento.

Assim, percebe-se que uma das estratégias adotadas na GL pode estar focada na melhora da postura corporal, por meio de contrações musculares isométricas, sobretudo pelos tipos de atividades desenvolvidas pelos trabalhadores e suas diversas posturas de trabalho, pois, quando falta um estímulo muscular mínimo, nosso corpo reage com uma adaptação negativa.

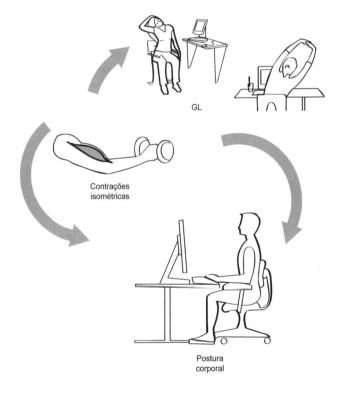

Figura 2.4 – Programa de intervenção por meio de GL.

Para adotar determinada postura ou fazer certo movimento, várias estruturas são solicitadas, como tendões, músculos, ligamentos e articulações. As posturas prolongadas e os movimentos repetitivos são muito fatigantes, pois produzem tensões mecânicas, além de gerarem dores e lesões no sistema musculoesquelético.

Em contrapartida, quando a musculatura é solicitada em uma tarefa mais extenuante, se não estiver bem condicionada pelo exercício físico, irá fadigar-se rapidamente. É importante que o músculo apresente maior limiar de resistência à fadiga para desempenhar tarefas motoras que necessitem de movimentos repetitivos e desconfortáveis no dia a dia, especialmente, nas tarefas laborais.

Com o avanço tecnológico, a organização do trabalho passou a ser cada vez mais orientada para se obter maior produtividade, mais produção no menor tempo possível, fazendo que o trabalhador fosse considerado parte do esquema de automatização e especialização dessa gestão tecnológica. Isso impôs ao corpo posturas inadequadas. Enquanto alguns segmentos corporais, como a coluna cervical, fazem um trabalho muscular estático, outros, como os membros superiores, executam movimentos contínuos e repetitivos, podendo levar, frequentemente, a desordens neuromusculotendíneas.

A fisiologia muscular é uma das bases de estudo da saúde do trabalhador e da ergonomia, com base na qual se pode promover ajustes e modificações nos postos de trabalho, diminuição do gasto energético e da fadiga física produzida pela execução de tarefas com forte solicitação muscular. Numa situação de trabalho, por exemplo, na qual o trabalhador está suscetível a numerosos fatores de risco e condições adversas (como quantidade de informações, pressão temporal, produtividade, desemprego, acidentes de trabalho, competitividade, situações de estresse e vícios posturais, entre outros), esses fatores associados geram alterações no organismo humano, desencadeando um quadro de tensão muscular agudo, o que irá repercutir sobremaneira na saúde do trabalhador, chegando a ocasionar cãibras, fadiga e doenças ocupacionais.

Nesse contexto, a contração tônica caracterizada pela baixa frequência que se estabelece lentamente, persiste, resistindo à fadiga de forma permanente, já que em condições normais os músculos estriados encontram-se num estado permanente de mínima contração. Essa característica fisiológica pode ser definida como uma tensão dos músculos pela qual as posições relativas das diversas partes do corpo são corretamente mantidas e que se opõe às modificações involuntárias dessas posições.

Uma das diversas formas empregadas para se tentar reverter esse quadro foi a implantação da GL, que preconizava o combate e a prevenção das lesões por esforços repetitivos/ distúrbios osteomoleculares relacionados ao trabalho (LERs/DORTs), relacionadas com as diversas modificações patológicas da tensão muscular normal. Isso demonstra, por meios subjetivos, que a GL ajuda a reverter o processo de adoecimento que se configurava no cenário das organizações, mais especificamente nos postos de trabalho, nos quais o trabalhador sempre está mais suscetível a inúmeros fatores de risco geradores de tensões e doenças ocupacionais.

Isso ocorria há mais de vinte anos (1990), pois, de acordo com Lima (2011), a GL atualmente tem sido mais aplicada para a melhora do clima organizacional e da qualidade de vida dos colaboradores, do gerenciamento do estresse, estando mais voltada para a área de Recursos Humanos. Já do ponto de vista da saúde ocupacional, a autora afirma que os benefícios mais visíveis estão na consciência corporal e na disposição, em menor tensão muscular e fadiga, sendo considerada uma excelente estratégia de prevenção e promoção da saúde.

Referências

BOMPA, T. *Periodização*: teoria e metodologia do treinamento. São Paulo: Phorte, 2002.

BOMPA, T. O.; CORNACCHIA, L. J. *Treinamento de força consciente*. São Paulo: Phorte, 2000.

DOMINGUES-FILHO, L. A. Exercícios abdominais: estratégias x resultado. In: DOMINGUES--FILHO L. A. A importância da prática dos exercícios abdominais. 3. ed. São Paulo: Ícone, 2008. p.19-59.

FLECK, S. J.; KRAMER, W. J. *Fundamentos do treinamento de força muscular*. 2. ed. Porto Alegre: Artmed, 1999.

LIMA, V. A. Educação física no ambiente corporativo. *Rev. Confef.*, v. 9, p. 12-5, 2011.

POWERS, S. K.; HOWLEY, E. T. *Fisiologia do Exercício*: teoria e aplicação ao condicionamento e ao desempenho. Barueri: Manole, 2000.

VERDERI, É. *Programa de educação postural*. São Paulo: Phorte, 2011.

Caracterização dos programas de ginástica laboral

Josenei Braga dos Santos ı Alexandre Crespo Coelho da Silva Pinto ı
Antônio Renato P. Moro

3.1 Questões históricas da ginástica laboral

A ginástica laboral (GL) no Brasil levou aproximadamente vinte anos para se consolidar no mundo do trabalho, mas, atualmente é mais uma oportunidade de atuação para o profissional de Educação Física em busca da qualidade de vida no trabalho (QVT), da promoção da saúde e de práticas corporais nas organizações. Esse crescimento se deve a inúmeros fatores: apoio total do Conselho Federal de Educação Física (Confef), que elegeu 2007 como o ano da GL no país; aumento de publicações científicas, livros, empresas de consultoria, realização de seminários sobre o tema no país desde 2000; e a criação da Associação Brasileira de Ginástica Laboral (ABGL), liderada pela professora Valquíria Lima, uma das principais responsáveis por todo esse incremento.

Outro ponto de extrema importância que se deve conhecer é a maior preocupação dos empresários com a saúde dos trabalhadores, que existe não somente pela melhora da saúde destes, mas, sim, pelo aumento da produção e do absenteísmo, pois a GL contribui de forma indireta para a melhora do desempenho físico. Todos os profissionais que atuam nessa área devem ter em mente que o empresário sempre foca no rendimento e no lucro.

Assim, a introdução da GL passou a ser comum nos ambientes de trabalho industrializados, ocupando grande espaço entre as iniciativas de prevenção propostas pelos diferentes profissionais que atuam na área de Saúde do Trabalho, em especial, entre as medidas para lidar com o problemático e complexo desenvolvimento das lesões por esforços repetitivos/distúrbios osteomoleculares relacionados ao trabalho (LERs/DORTs). No entanto, não há estudos epidemiológicos que comprovem seus resultados como método de prevenção (Longen, 2003).

Cabe ressaltar que a primeira publicação sobre o tema *Ginástica de Pausa* data de 1925, foi escrita na Polônia, e destinava-se a operários. Em seguida, desenvolveu-se na Bulgária, na Alemanha Oriental, na Suécia e na Bélgica, estabelecendo-se no Japão, pois era obrigatória a todas as indústrias e empresas de serviços (Sesi, 1996). Posteriormente, surgiram, também, outras publicações na Holanda e na Rússia. Nessa época, impulsionada pela cultura e pela tradição oriental, a GL enraizou-se no Japão. Se, no início, destinava-se apenas a algumas atividades ocupacionais, depois da Segunda Guerra Mundial difundiu-se por todo o país.

Atribui-se a grande propagação da GL na cultura empresarial japonesa à veiculação de um programa da Rádio Taissô, que envolve uma tradicional ginástica rítmica, com exercícios específicos acompanhados por música própria por 40 minutos. A atividade matinal, transmitida pela rádio, por pessoas especialmente treinadas, é praticada não só nas fábricas ou em ambientes de trabalho no início do expediente, mas também nas ruas e nas residências (Kikuti, 2011). No Brasil, mais especificamente, em São Paulo, essa prática ocorre logo pela manhã, no bairro da Liberdade.

No cenário brasileiro, alguns indícios da influência japonesa mostram um pouco da evolução histórica da cultura da GL no país. A Federação de Rádio Taissô do Brasil (*rajio taissō* significa "ginástica pelo rádio"), coordena mais de 5 mil praticantes ligados a trinta entidades em quatro estados: São Paulo, Rio de Janeiro, Paraná e Mato Grosso do Sul. Desde 14 de março de 1996, passou a vigorar em São Paulo a Lei Estadual nº 9.345, promulgada pelo então governador Mário Covas, instituindo o dia da Rádio Taissô, comemorado em 18 de junho (Polito e Bergamaschi, 2002).

Segundo Kikuti (2011), essa atividade foi regulamentada no Japão em 1º de novembro de 1928 e passou a ser usual nas fábricas japonesas, antes do início do expediente, chegando ao Brasil em 1978, durante as comemorações dos 70 anos da imigração japonesa. Em entrevista, o presidente da Federação da Rádio Taissô do Brasil, Luis Aoki, 72 anos, afirmou que essa atividade física auxilia na longevidade, pois seu caráter não é competitivo, o que faz que cada praticante execute-a de acordo com suas possibilidades.

No início da década de 1970, com a chegada de executivos japoneses ao Brasil, estimulou-se a adoção dessa prática em algumas empresas. Em 1973, a Escola de Educação Física da Federação dos Estabelecimentos de Ensino de Novo Hamburgo/RS (Feevale), tornou-se pioneira da GL, com o Projeto Educação Física Compensatória e Recreação, elaborado com base na proposta de exercícios físicos baseados em análises biomecânicas. Em parceria com a Feevale, em 1978, o Serviço Social da Indústria/RS (Sesi/RS) desenvolveu o Projeto Ginástica Laboral Compensatória, envolvendo cinco empresas do Vale dos Sinos (Confef, 2007).

Inicialmente denominada *ginástica de pausa*, a GL, segundo o Confef (2007), começou sendo praticada na indústria com o objetivo de dar repouso ativo aos operários, por alguns períodos, durante sua jornada de trabalho.

Em 1974, nos estaleiros da Ishikawagima do Brasil (Ishibras), no Rio de Janeiro, foi implantada a ginástica no início da jornada de trabalho e a *ginástica compensatória*, durante as pausas do trabalho, para 4.300 trabalhadores. Nesse caso, o enfoque era a segurança no trabalho e o papel da Educação Física incidiu nas boas condições do local de trabalho, bem como no desenvolvimento dos Recursos Humanos, uma abordagem distinta da terapêutica de certas proposições de cunho impositivo (Confef, 2007).

Em 1978, de acordo com informações do Confef (2007), em Betim/MG, na fábrica Fiat de automóveis, por iniciativa do Sesi do estado, iniciou-se o *Programa de ginástica na empresa*, fundamentado nos princípios da GL, elaborado após visitas técnicas de profissionais desse Sesi aos estaleiros da Ishibras, para observação da ginástica feita pelos trabalhadores. Atualmente, esse programa do Sesi abrange todo o país, com cerca de 500 mil praticantes, envolvendo múltiplas empresas e objetivos atinentes também ao bem-estar do trabalhador.

Tal desenvolvimento histórico redunda atualmente numa compreensão da GL como formação do hábito da prática lúdica de atividade física para o estilo de vida ativo, a socialização e a melhora da QVT, com consequente fortalecimento da indústria. Tal definição geral frequentemente incide em objetivos operacionais nas empresas.

3.2 Tipologia e fundamentos do lazer e do esporte nas empresas

Após anos de estudos, Costa (1990a, 1990b), ao reunir e discutir temas da tipologia e dos fundamentos do lazer e do esporte desenvolvidos nas empresas na década de 1990, o que atualmente se chama de GL, mostra que as primeiras manifestações no Brasil ocorreram por conta do processo de industrialização, pois o homem foi sofrendo inúmeras consequências ocupacionais. Isso se deve ao fato de os programas com esse enfoque estarem mais voltados para o lazer e o esporte, ou seja, uma concepção de prática esportiva, melhora das condições de saúde, desenvolvimento político e pessoal, *marketing* para a empresa e humanização nos locais de trabalho.

Nessa perspectiva, comenta-se que a primeira manifestação dessas atividades no Brasil foi desenvolvida na fábrica de Tecidos Bangu/RJ, em 1901 e, em seguida, logo depois da Segunda Guerra Mundial, sucedendo a deposição de Getúlio Vargas e a criação do Sesi e do Serviço Social do Comércio (Sesc). Estabelecidos pelo Decreto-Lei 9.853, de 1946, essas instituições atendem os trabalhadores e sua família, centralizando as atividades de lazer e esporte, mediante desconto de uma contribuição compulsória dos empregadores e dando maior visibilidade ao impulso que vinha da década anterior, quando os recursos (valor de 1,5%) eram calculados sobre a folha de pagamento de cada empresa (Polito e Bergamaschi, 2002).

Para se ter noção dos trabalhos realizados sobre esses programas, entre 1983 e 1987, foram enviados cem questionários a empresas que se apresentavam em encontros, envolvidas em atividades internas de lazer e esporte para seus empregados. Esse instrumental apresentava questões em aberto, permitindo aos respondentes descreverem a evolução do setor visado pela pesquisa, conforme as peculiaridades de cada caso, e destinava-se levantar a necessidade do estabelecimento de uma tipologia básica das atividades recreativas e esportivas para orientar pesquisas mais por menorizadas e obter uma compreensão dos fatos geradores e de sustentação dessas alternativas de desenvolvimento de recursos humanos.

Dada a inexistência de informações quantitativas sobre a difusão desses programas nos empreendimentos industriais, comerciais e de serviços no Brasil, optou-se por uma aproximação preliminar e meramente descritiva de tipos, segundo a evolução no tempo, permitindo, assim, o estabelecimento de um ponto de partida para futuros estudos.

Depois de algumas experiências isoladas no país envolvendo a GL até o fim da década de 1970, houve um período em que sua aplicação caiu no esquecimento. Para Polito e Bergamaschi (2002), isso pode ser atribuído à carência de resultados que servissem de base para a disseminação da ginástica.

A partir da metade da década de 1980, segundo essas autoras, houve uma retomada dessa prática. Em 1987, a portaria nº 4.602

do Ministério da Previdência e Assistência Social reconheceu a tenossinovite como doença profissional, fato que exigiu medidas de enfrentamento social acerca da ameaça das lesões, principalmente por parte do empresariado. Nesse período, adotaram-se medidas com ênfase na QVT. Assim, na segunda metade da década de 1980, ressurgiu a GL como medida de promoção da saúde do trabalhador, acompanhando o desenrolar histórico do fenômeno LER e DORT, reconhecendo-se oficialmente a então chamada "doença dos digitadores". A partir daí, nos anos 1990, a GL teve sua grande expansão no Brasil, e inúmeras empresas passaram a adotar em sua rotina de trabalho a prática de exercícios laborais compensatórios. Embora com propósitos diversificados, a maioria era atribuída à prevenção das LERs/DORTs (Polito e Bergamaschi, 2002).

Com tal disseminação, vários profissionais procuraram definir a GL com mais precisão, ou seja, a definiram como uma sequência de exercícios específicos orientados que visam à promoção da saúde do trabalhador, por meio de sessões que, em geral, duram de 10 a 15 minutos. Essa sequência é executada no próprio local de trabalho e pode ser efetuada antes, durante ou depois da jornada de trabalho; é de caráter preventivo e terapêutico, nos casos de LERs/DORTs, sem levar o trabalhador ao cansaço, por ser de curta duração e concentrar-se no alongamento e no relaxamento dos músculos, que permanecem contraídos durante as atividades laborais diárias (Lima, 2011; Mendes e Leite, 2004; Pinto, 2003; Polito e Bergamaschi, 2002; Gonçalves, Silveira e Rombaldi, 2001; Bergamaschi, Deustch e Ferreira, 2001; Martins e Martins, 2000; Casagrande, 1999).

Para sua execução, tais autores definem a existência de três tipos de GL:

- *preparatória*: preparar o trabalhador para o desenvolvimento de sua atividade, aquecendo os grupos musculares que serão solicitados em suas tarefas, despertando-o para que se sintam mais dispostos ao iniciar o trabalho;
- *compensatória*: interromper a monotonia operacional com a execução de exercícios de compensação aos esforços repetitivos e às posturas inadequadas solicitadas nos postos operacionais;
- *relaxamento*: exercícios de alongamento feitos depois do expediente, para oxigenar as estruturas musculares envolvidas nas tarefas diárias, evitando o acúmulo de ácido láctico e prevenindo a possível instalação de lesões.

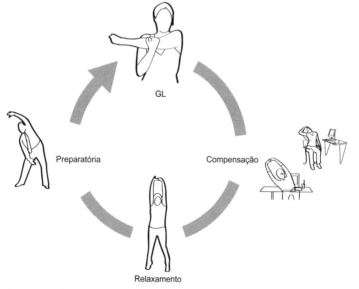

Figura 3.1 – Tipos de GL.

Com relação aos efeitos sobre a saúde do trabalhador, os autores mencionam que estão voltados para os seguintes objetivos:

- redução dos acidentes de trabalho;
- melhora da qualidade de vida dos funcionários;
- redução dos casos de LERs e/ou DORTs;
- prevenção da fadiga muscular e articular;
- ajuda na correção de vícios posturais;
- diminuição do absenteísmo e de incidências de doenças ocupacionais;
- aumento da autoestima e da disposição para o trabalho;
- melhora da consciência corporal;
- melhora da qualidade de vida (QV) e da QVT para o trabalhador.

Numa definição genérica, GL é a atividade física programada executada no ambiente e durante o expediente de trabalho (Cañete, 1996). Tal definição converge com o fato de que diferentes formas de atividades físicas ou recreativas são chamadas na prática de GL.

Além dos efeitos físicos, a relação da GL com os aspectos psíquico e social se justifica por favorecer a descontração, a socialização, estimular o autoconhecimento e a autoestima, proporcionando uma possível melhora no relacionamento interpessoal do ser humano com o meio que o cerca (Cañete, 1996).

Adaptada às necessidades impostas pelo tipo de trabalho, executada no posto de trabalho em breves períodos de tempo ao longo do dia de trabalho, a GL pode produzir resultados positivos para os trabalhadores e as empresas. Atualmente, já se sabe que a maior evidência está direcionada para a GL compensatória.

Nesse sentido, deve-se levar em conta o condicionamento físico do trabalhador, seja ele da linha de produção contínua, da caldeiraria, do almoxarifado, digitador de computadores ou caixa de banco e de supermercados.

Resultados demonstram que o sucesso na GL está relacionado com a maior percepção corporal desenvolvida individualmente, por meio dos processos de conscientização educativa dos limites do próprio corpo. Muito mais que usar a escala de dor/desconforto para medir resultados, o profissional deve ser capaz de preparar o indivíduo para empregar seu corpo harmoniosamente em cada movimento, inclusive no que diz respeito à economia de energia em cada tarefa desenvolvida pelo trabalhador (Confef, 2007).

Dessa forma, a GL é apresentada, na maioria das vezes, como estratégia de prevenção de doenças ocupacionais, e a adoção de programas de ginástica laboral (PGL) nos ambientes de trabalho justifica-se principalmente por essa atribuição. No entanto, não foi encontrado nenhum estudo epidemiológico amplo comprovando seus reais efeitos na prevenção de LERs/DORTs, bem como estudos randomizados que definam cientificamente os reais alcances e as limitações dessa estratégia.

De acordo com o Confef (2007), os objetivos dos PGL mudaram:

- sensibilizar e orientar os trabalhadores para a importância e o desenvolvimento da prática regular do exercício físico e da ludicidade da atividade física, para a melhora da saúde ocupacional e geral;

- sensibilizar e orientar trabalhadores, e, eventualmente, seus familiares, para a importância do lazer como fator de melhora da QV;
- conscientizar o trabalhador para o conhecimento de seu corpo e seus limites;
- promover situações que valorizem as relações interpessoais e comunitárias no trabalho;
- contribuir para o fortalecimento da indústria e dos serviços por meio do exercício de sua responsabilidade social.

Uma revisão sistemática, feita por Coury, Moreira e Dias (2009) de 18 estudos randomizados controlados, de alta qualidade, envolvendo a prática de exercícios físicos no local de trabalho e sintomas musculoesqueléticos, mostrou que, para o controle da dor musculoesquelética, há forte evidência da eficiência do exercício físico no controle da dor cervical em trabalhadores que executaram atividades no escritório ou em setores administrativos, descritos como sedentários. Quanto à região lombar, a evidência foi moderada para os que fizeram atividades envolvendo manuseio de pacientes ou materiais na indústria, quando os treinamentos eram aplicados por períodos superiores há dez semanas, com duração média de 30 minutos cada um e incluíram exercícios feitos com algum tipo de resistência e com supervisão. Nenhum estudo avaliando trabalhadores sedentários relatou resultados positivos para o controle da dor musculoesquelética nos ombros, salientando-se que novos estudos randomizados controlados são necessários para avaliar, entre outros aspectos, o efeito comparado de treinos leves e pesados para os ombros.

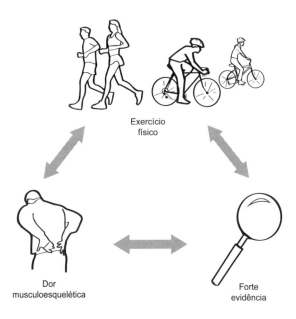

FIGURA 3.2 – Evidência científica sobre os efeitos do exercício físico na dor musculoesquelética.

Seguindo essa perspectiva, Silva (1999), ao falar sobre o trabalho, explica que é neste que se passa a maior parte da vida e que seus reflexos se estendem, de forma acentuada, sobre o bem-estar, mesmo quando não se está trabalhando. Com isso, se usar os benefícios do exercício físico como parte do tempo destinado ao trabalho, é possível melhorar o bem-estar, o grau de satisfação profissional, reduzir diretamente o risco das doenças crônico-degenerativas, e servir como elemento promotor de mudanças com relação a fatores de risco para inúmeras outras doenças, como os efeitos nocivos do estresse, dores musculares e o melhor equilíbrio das tensões próprias do viver.

Tal afirmação pode ser considerada verdade, pois, estudo desenvolvido pelo Sesi/SC (2004), um dos maiores prestadores de serviços para a indústria no país, sobre o estilo de vida e hábitos de lazer dos trabalhadores da indústria catarinense de 139 indústrias (2.574 trabalhadores), mostrou que 42% destas oferecem algum PGL.

Contudo, Santos e Moro (2003), ao refletirem sobre a inserção da GL no mundo do trabalho, explicam que, os profissionais da saúde que atuam com GL devem observar que o êxito, o sucesso e os resultados satisfatórios para a melhora das capacidades físicas e mentais das pessoas em geral (entre as quais se incluem os trabalhadores) é resultado de um planejamento conjunto, que requer uma mesa de negociações estratégicas (com representantes dos funcionários, da Comissão Interna de Prevenção de Acidentes – CIPA –, das gerências e de universidades), da qual devem fazer parte todos os interessados. Esse seria uma espécie de pacto corporativo para a promoção da saúde, sendo necessária maior duração das aulas e/ou das sessões de GL. Reis (2011) é mais incisivo, afirmando que é extremamente importante que haja envolvimento multidisciplinar entre trabalhadores, educadores físicos, fisioterapeutas, médicos do trabalho, enfermeiros, assistentes sociais, engenheiros, psicólogos, *designers*, administradores, engenheiros de segurança, pois só com a consolidação de um comitê corporativo que envolva o Programa de Controle Médico de Saúde Ocupacional (PCMSO), o Programa de Proteção e Riscos Ambientais (PPRA) e a CIPA será possível desenvolver um trabalho produtivo nos Programas de Promoção de Saúde do Trabalhador (PPSTs).

Para encerrar este tópico, Kallas (2008) afirma que poucas empresas pensam e têm em sua estrutura verdadeiros programas de qualidade de vida (PQV), alinhados com uma cultura organizacional estratégica, que propõem diversas ações entre as quais a GL está inserida. Nessas empresas, os programas fazem mais sentido, estando mais claros os objetivos das ações implantadas, propiciando a articulação de indicadores de resultado, tornando os prestadores de serviço parceiros nessa relação profissional que visa ao desenvolvimento da empresa e o bem-estar dos colaboradores.

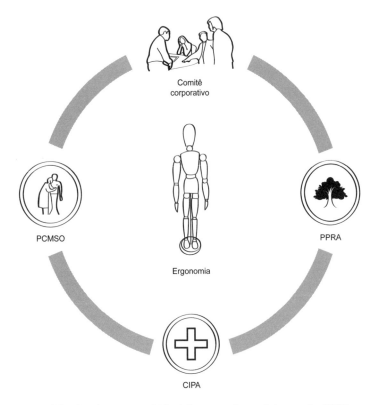

Figura 3.3 – Envolvimento multidisciplinar para desenvolvimento dos PPSTs.

3.3 Contribuições da ergonomia para desenvolvimento da ginástica laboral

Há muitos anos, o termo *ergonomia* tem sido empregado em diferentes ramos profissionais para a melhora da promoção da saúde, QVT e bem-estar no trabalho.

A ergonomia, derivada das palavras gregas *ergon* (trabalho) e *nomos* (regras) difundiu-se bastante na área de Exatas, mais especificamente na Engenharia, sobretudo durante a Segunda Guerra Mundial, em consequência do trabalho interdisciplinar de profissionais das ciências tecnológicas e humanas (Iida e Wierzbicki, 1978; Iida, 1990; Dul e Weerdmeester, 1995).

Diversos autores definem ergonomia como o conjunto de ciências e tecnologias que procura, mediante seu desenvolvimento, adaptar as condições de trabalho às características do ser humano, contribuindo para solucionar muitas situações de trabalho, da vida cotidiana, da satisfação, da vida esportiva, do bem-estar dos trabalhadores em seu relacionamento com sistemas produtivos e, principalmente, um grande número de problemas sociais relacionados com a saúde, a segurança, o conforto, a eficiência, a prevenção de erros e de acidentes de trabalho (Guérin, 2001; Grandjean, 1998; Couto, 1995; Dul e Weerdmeester, 1995; Iida, 1990).

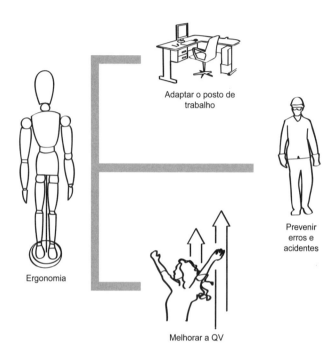

FIGURA 3.4 – Contribuição da ergonomia para a QV.

A GL, aliada à ergonomia, apresentando-se como uma estratégia viável e prática para auxiliar na prevenção e/ou no abrandamento dos problemas e das doenças crônico-degenerativas, pois, em geral, é prescrita de acordo com a função desempenhada pelo trabalhador. Seu foco é a orientação da atividade física (AF), prevenção e controle de doenças ocupacionais, combate ao sedentarismo, redução do número de acidentes de trabalho, redução do absenteísmo, promoção da saúde e do bem-estar individual mediante a consciência corporal, a preparação muscular, o alívio das tensões musculares e a melhora da postura corporal, dentro e fora do trabalho, segundo uma concepção corpo-mente (Mont'Alvão e Figueiredo, 2005; Lima, 2005; Mendes e Leite, 2004; Lima, 2004; Crespo, 2003; Santos e Moro, 2003; Guastel e Picoli, 2002; Oliveira J., 2002; Zilli, 2002; Oliveira R., 2002).

Nessa área, seus principais objetivos são a introdução de melhorias nas situações de trabalho, da QVT, bem como propiciar benefícios para a saúde do trabalhador em seu posto de trabalho. Conforme Dul e Weerdmeester (1995) e Iida (1990), subdivide-se em duas grandes áreas:

- *análise de sistemas*: preocupa-se com o funcionamento global de uma equipe de trabalho usando uma ou mais máquinas, desde aspectos mais gerais, como a distribuição de tarefas entre o homem e a máquina, mecanização de tarefas (informações captadas pela visão, pela audição e pelos outros sentidos, controles, relações entre mostradores e controles, bem como cargos e tarefas);
- *análise de postos de trabalho*: estuda uma parte do sistema na qual um trabalhador atua, em que se faz a análise da tarefa, da postura e dos movimentos corporais (sentado, em pé, empurrando, puxando e levantando pesos) e dos fatores ambientais (ruídos, vibrações, iluminação, clima, agentes químicos etc.).

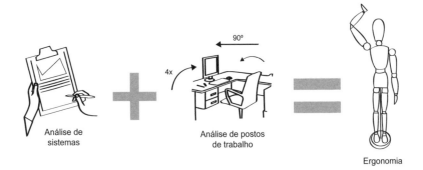

Figura 3.5 – Abordagens da ergonomia para beneficiar a saúde do trabalhador.

Em relação às suas contribuições ergonômicas, Iida (1990) também aponta que as principais características estão voltadas para:

- *concepção*: ocorre durante a fase inicial de projeto do produto, da máquina ou do ambiente;
- *correção*: é aplicada em situações já existentes, para resolver problemas que se refletem na segurança, na fadiga excessiva, em doenças do trabalhador ou na quantidade e na qualidade da produção. É nessa área que os PGLs devem ser inseridos, quando se procura desenvolver e/ou implementar esses programas, cujo enfoque é a promoção da saúde, da QV e do bem-estar do trabalhador;
- *conscientização*: tem como foco conscientizar o trabalhador mediante cursos de treinamento e reciclagens frequentes, ensinando-o a desenvolver suas atividades de forma segura e a reconhecer os fatores de risco que podem surgir, a qualquer momento, no ambiente de trabalho.

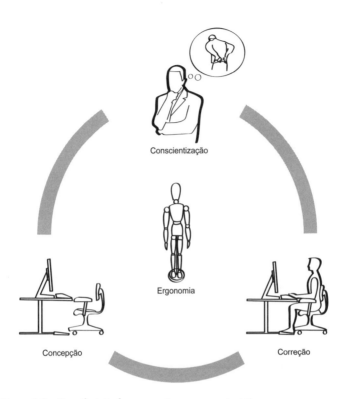

FIGURA 3.6 – Contribuição da ergonomia e suas características.

Com relação às suas aplicações práticas, Iida e Wierzbicki (1978) também relatam que há uma segunda categoria de atuação, relativa aos aspectos organizacionais do trabalho, cujo principal objetivo é reduzir a fadiga e a monotonia, eliminar o trabalho altamente repetitivo, os ritmos mecânicos impostos ao trabalhador e a falta de motivação provocada pela pouca participação dele nas decisões sobre seu próprio trabalho.

Seguindo tal pensamento, outras duas Normas Regulamentadoras (NRs) fundamentam e sustentam que o PGL seja desenvolvido para a redução desses problemas ergonômicos, baseando-se nos princípios da Medicina do Trabalho e vinculados à proposta do Brasil (1996):

- NR 7: PCMSO – estabelecem a obrigatoriedade da elaboração e da implementação, por todos os empregados e as instituições que admitam trabalhadores como empregados, objetivando a promoção e a preservação da saúde do conjunto de seus trabalhadores;
- NR 17: Ergonomia – visa estabelecer parâmetros que permitam a adaptação das condições de trabalho às características psicofisiológicas dos trabalhadores, de modo a proporcionar máximo conforto, segurança e desempenho eficiente; regulamenta a ação do ergonomista.

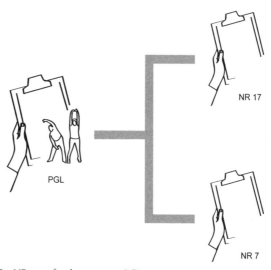

FIGURA 3.7 – NRs que fundamentam o PGL.

3.4 Efeitos físicos da ginástica laboral na saúde do trabalhador

Devido às numerosas dificuldades e o excesso de informações que o mundo competitivo nos impõe, Barreiros, Baptista e Brito (1992) afirmam que a AF é um componente essencial de toda atividade profissional, pois exige do homem diversas tarefas, com consequentes gestos variados impostos no trabalho, o que implica duas características:

- *trabalho estático*: capacidade de trabalho de certo grupo muscular ser mantido em resistência por um determinado tempo, dependendo da capacidade funcional dos próprios músculos;
- *trabalho dinâmico*: capacidade de trabalho em que há dependência dos músculos, dos mecanismos energéticos e das suas interações com outras funções do organismo.

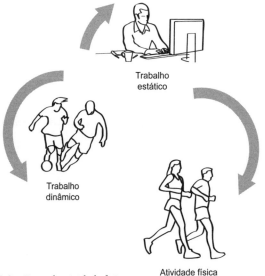

FIGURA 3.8 – Tipos de atividade física.

Sabendo-se que a AF influencia substancialmente a promoção da saúde, Sharkey (1998) lembra que trabalhadores aptos fisicamente são mais produtivos, faltam menos ao trabalho e têm menos chances de sofrer invalidez decorrente do trabalho ou de se aposentarem precocemente devido a doenças cardíacas ou degenerativas.

Já Silva (1999), ao tratar da AF no ambiente de trabalho, aponta três aspectos importantes que envolvem a saúde do trabalhador e que devem ser observados no ambiente de trabalho:

- *postura corporal*: em virtude do uso de cadeiras anatomicamente inadequadas, do sentar-se durante muito tempo na mesma posição ou de forma desequilibrada e não ereta ou alinhada;
- *mobilidade*: voltada para ausência de movimentos no trabalho, uma das principais causas de tensões musculoesqueléticas;
- *prática de atividade aeróbia*: desenvolvida fora do local de trabalho, resultando em elevado grau de adesão pelos empregados, com benefícios para ambas as partes: a empresa passa a contar com pessoas mais saudáveis, motivadas e produtivas, e estas, por sua vez, passam a desfrutar de melhor saúde e QV.

Caracterização dos programas de ginástica laboral

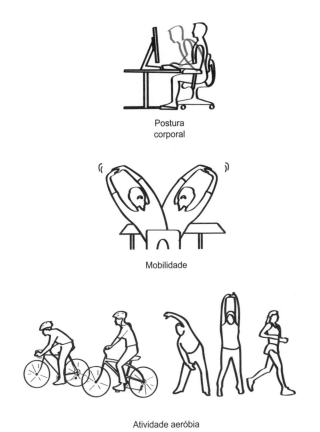

FIGURA 3.9 – Aspectos importantes que envolvem a saúde do trabalhador.

Ainda com relação aos benefícios da AF, uma das formas mais comumente adotadas na década de 1990 foi a Ginástica na Empresa (GE), a prática de atividades físicas executadas pelos trabalhadores coletivamente, no trabalho, durante a jornada diária (Sesi, 1996).

Conforme Gomes e Lucato (2001), a GL tornou-se um valioso instrumento de auxílio aos trabalhadores no que se refere à sua QV e, em especial, à sua saúde para o trabalho. Um estudo feito por esses autores, em dois setores diferenciados, descobriu que as principais manifestações lesivas no setor administrativo estavam relacionadas à postura e ao sedentarismo, ao passo que no setor de produção estavam relacionadas às sobrecargas musculares exigidas pela função, ou seja, repetição de movimento.

Contudo, indo ao encontro dessas afirmações e propondo um referencial de reflexão para o contexto ocupacional, Cañete (1996) esclarece que, além da pressão do mercado na busca desenfreada por produtividade e qualidade; da exaustão: física, mental e emocional que acomete a maioria dos trabalhadores; e do esgotamento do trabalhador em atividades ininterruptas, repetitivas, monótonas e, em muitos casos, pesadas e insalubres, os trabalhadores estão mais propensos a acidentes de trabalho e, consequentemente, a cometerem erros.

Referências

BARREIROS, L.; BAPTISTA, F.; BRITO, J. Análise da carga de trabalho: aplicações em serviços administrativos e contexto industrial. *Actas do Simpósio Europeu de Ergonomia*. Portugal: Universidade Técnica de Lisboa, 1992. p. 79-103.

BERGAMASCHI, E. C.; DEUSTCH, S.; FERREIRA, E. P. Ginástica laboral: eficaz na redução das dores localizadas? SIMPÓSIO INTERNACIONAL DE CIÊNCIAS DO ESPORTE, 23, São Paulo, 2001. *Anais...* São Paulo: Celafiscs, 2001. p. 112.

BERGAMASCHI, C. E.; FERREIRA, E. P. *Ginástica laboral*: teoria e prática. 2. ed. Rio de Janeiro: Sprint, 2002.

BRASIL. *Segurança e Medicina do Trabalho*. 32. ed. São Paulo: Atlas, 1996.

CAÑETE, I. *Humanização*: desafio da empresa moderna; a ginástica laboral como um caminho. Porto Alegre: Artes e Ofícios, 1996.

CASAGRANDE, M. F. *Ginástica laboral nas empresas visando à prevenção de lesões por esforços repetitivos (LER) em promoção da qualidade de vida no trabalho*. São Paulo: Fitness Brasil, 1999.

CONSELHO FEDERAL DE EDUCAÇÃO FÍSICA (CONFEF). *Ginástica laboral*: definindo os campos de atuação. 2005, v. 5, p. 20-7.

_____. *Ginástica laboral*: intervenção exclusiva do profissional de educação física. 2007, v. 6, p. 12-4.

COSTA, L. P. da. Fundamentos do lazer e esporte na empresa. In: BRASIL. Ministério da Educação. Secretaria de Educação Física e Desportos. *Esporte e lazer na empresa*. Brasília: MEC/SEED, 1990a. p. 11-43.

_____. Tipologia das atividades de esporte e lazer em empresas brasileiras. In: BRASIL. Ministério da Educação. Secretaria de Educação Física e Desportos. *Esporte e lazer na empresa*. Brasília: MEC/SEED, 1990b. p. 46-51.

COURY, H. J. C. G; MOREIRA, R. F. C.; DIAS, N. B. Efetividade do exercício físico em ambiente ocupacional para controle da dor cervical, lombar e do ombro: uma revisão sistemática. *Rev. Bras. Fisioter.*, v. 13, p. 461-79, 2009.

COUTO, H. A. *Ergonomia aplicada ao trabalho*: manual técnico da máquina humana. Belo Horizonte: Ergo, 1995. v. 1.

CRESPO, A. Ginástica laboral aplicada à saúde do cirurgião dentista: um estudo de caso na secretaria municipal de saúde de Florianópolis-SC. 2003. Dissertação (Mestrado em Engenharia de Produção) – Universidade Federal de Santa Catarina, Florianópolis, 2003.

DUL, J.; WEERDMEESTER, B. Ergonomia prática. São Paulo: Edgard Blücher, 1995.

GOMES, L.; LUCATO, S. Ginástica laboral: comparação de lesões repetitivas em funcionários de setores administrativos e de produção industrial. Motriz, v. 7, p. 139, 2001.

GONÇALVES, A. S.; SILVEIRA, T. D.; ROMBALDI, A. J. Ginástica laboral e qualidade de vida. SIMPÓSIO NACIONAL DE EDUCAÇÃO FÍSICA, 20. Anais... Pelotas: ESEF/UFPel, 2001. p. 163-72.

GRANDJEAN, E. Manual de Ergonomia: adaptando o trabalho ao homem. 4. ed. Porto Alegre: Bookman, 1998.

GUÉRIN, F. Compreender o trabalho para transformá-lo. São Paulo: Edgard Blücher, 2001.

GUASTEL, C. R.; PICOLI, E. B. Ginástica laboral para cirurgiões dentistas. São Paulo: Phorte, 2002.

IIDA, I. Ergonomia: projeto e produção. São Paulo: Edgard Blücher, 1990.

IIDA I; WIERZBICKI, H. A. J. Ergonomia: notas de aulas. 3. ed. rev. São Paulo: EPUSP, 1978.

KALLAS, D. A ginástica laboral e seus atores sociais. Rev. Confef., v. 8, p. 24-5, 2008.

KIKUTI, M. Rádio Taissô: ginástica para começar o dia. Jornal Metrô News, 6 jun. 2011.

LIMA, V. A Educação Física no ambiente corporativo. Rev. Confef., v. 9, p. 12-5, 2011.

_____. Ginástica laboral: atividade física no ambiente de trabalho. 2. ed. São Paulo: Phorte, 2005.

LIMA, D. G. Ginástica laboral: metodologia de implantação de programas com abordagem ergonômica. Jundiaí: Fontoura, 2004.

LONGEN, W. C. Ginástica laboral na prevenção de LER/DORT?: um estudo reflexivo um uma linha de produção. 2003. Dissertação (Mestrado em Engenharia de Produção) – Universidade Federal de Santa Catarina, Florianópolis, 2003.

MARTINS, C. O.; MARTINS, M. O. Eficácia da ginástica laboral na prevenção aos DORT e sua aceitação por funcionários públicos de Florianópolis – SC. SIMPÓSIO INTERNACIONAL DE CIÊNCIAS DO ESPORTE, 23, São Paulo, 2000. Anais... São Paulo: Celafiscs, 2000. p. 173.

MENDES, R. A.; LEITE, N. Ginástica laboral: princípios e aplicações práticas. Barueri: Manole, 2004.

MENDES, R. A. et al. A saúde e a prática de atividade física em trabalhadores. SIMPÓSIO INTERNACIONAL DE CIÊNCIAS DO ESPORTE, 24, São Paulo, 2001. Anais... São Paulo: Celafiscs, 2001. p. 69.

MONT'ALVÃO, C.; FIGUEIREDO, F. Ginástica laboral e ergonomia. Rio de Janeiro: Sprint, 2005.

MARTINS, C. O. Ginástica laboral no escritório. Jundiaí: Fontoura, 2001.

OLIVEIRA, J. R. G. A prática da ginástica laboral. 2. ed. Rio de Janeiro: Sprint, 2002.

OLIVEIRA, R. M. R. O perfil epidemiológico dos pacientes com lesões por esforços repetitivos (LER/DORT) no centro de referência em saúde do trabalhador – CRST/ES. Rev. Bras. Epidemiol., Curitiba, supl. esp. p. 464, mar. 2002.

PINTO, A. C. C. S. Ginástica laboral aplicada à saúde do cirurgião dentista um estudo de caso na secretaria municipal de saúde de Florianópolis – SC. 2003. 137 f. Dissertação (Mestrado em Ergonomia) – Universidade Federal de Santa Catarina, Florianópolis, 2003.

PINTO, A. C. C. S. Orientação de um programa de exercícios laborais em operadores de caixa de banco. 1997. Monografia (Especialização em Fisiologia do Exercício) – Universidade do Estado de Santa Catarina, Florianópolis, 1997.

POLITO, E.; BERGAMASCHI, E. C. Ginástica laboral: teoria e prática. 2. ed. Rio de Janeiro: Sprint, 2002.

REIS, P. F. Importância da ergonomia nos programas de ginástica laboral. 2011. Disponível em: <http://fiepbrasil.org/index.php/ergonomia-e-ginastica-laboral/importancia-da ergonomia-nos-programas-de-ginastica-laboral>. Acesso em: 15 set. 2011.

SANTOS, J. B.; MORO, A. R. P. Programa de exercício físico na empresa: um estudo com trabalhadores de um centro de informática. 2003. Dissertação (Mestrado em Engenharia de Produção) – Universidade Federal de Santa Catarina, Florianópolis, 2003.

SERVIÇO SOCIAL DA INDÚSTRIA (Sesi). Ginástica na empresa. Brasília: Sesi, 1996.

SERVIÇO SOCIAL DA INDÚSTRIA (Sesi). Estilo de vida e hábitos de lazer dos trabalhadores da indústria catarinense (1999-2004). Florianópolis: Sesi, 2004.

SHARKEY, B. J. Condicionamento físico e saúde. 4. ed. Porto Alegre: Artmed, 1998.

SILVA, M. A. D. Exercício e qualidade de vida. In: GHORAYEB, N.; BARROS-NETO, T. L. O exercício: preparação fisiológica, avaliação médica, aspectos especiais e preventivos. São Paulo: Atheneu, 1999. p. 261-66.

ZILLI, C. M. Manual de cinesioterapia/ginástica laboral: uma tarefa interdisciplinar com ação multiprofissional. São Paulo: Lovise, 2002.

Variáveis corporais que devem ser observadas no ambiente de trabalho

Josenei Braga dos Santos ı Antônio Renato P. Moro

4.1 Postura corporal

Conforme o excesso de gestos repetitivos relacionados à posição do corpo, torna-se evidente a expressão das atitudes e dos comportamentos advindos do trabalho, bem como se pode perceber quais as necessidades tônico-posturais.

Madeira (1992), ao falar sobre o estudo da postura corporal, afirma que as grandes transformações anatomofisiológicas e socioculturais têm uma relação de dependência com a postura vertical e com a marcha bípede, em virtude de serem características exclusivas dos mamíferos. Essa temática se alicerça nos seus conceitos, fundamentações e metodologias, num longo período histórico, sendo analisadas de diversas formas, segundo várias perspectivas. A primeira noção de postura, datada do início do século XIX, formulada pela morfologia e pela anatomia, e a noção atual não têm nada em comum.

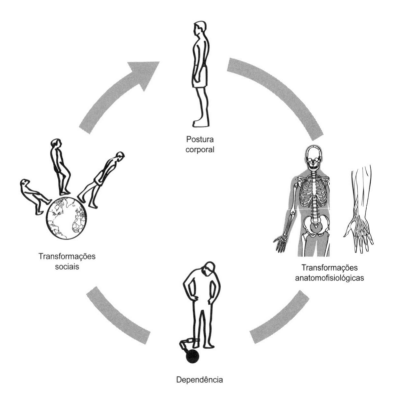

Figura 4.1 – Fatores que interferem no desenvolvimento da postura corporal.

Sabe-se que esse assunto é polêmico quando se refere ao estudo da postura corporal como um todo, principalmente porque o contexto histórico serve de referência e dá lastro para que novos estudos sejam desenvolvidos. Enriquez e Lorenzetto (2001, p. 139), esclarecem que

> a postura tem sido estudada em inúmeros trabalhos científicos, na busca de melhores rendimentos e na prevenção de desvios posturais entre outros assuntos. Em qualquer área onde estes estudos sejam realizados, todos têm em comum um conceito básico: adaptação.

Para Oliver e Middleditch (1998), a postura corporal pode ser definida como a posição assumida pelo sujeito, quer pela ação integrada dos músculos operando para atuarem contra a força da gravidade, quer quando mantida durante a inatividade muscular, pois estas são mantidas ou adaptadas como resultado da coordenação neuromuscular, com os músculos envolvidos sendo inervados por um complicado mecanismo reflexo. Estímulos aferentes surgem de várias fontes ao longo do corpo, incluindo articulações, ligamentos, músculos, pele, olhos e ouvidos, sendo conduzidos para o sistema nervoso central (SNC) e por este coordenados. A resposta efetora é do tipo motor e os músculos antigravitacionais são os principais órgãos efetores.

Já para Magee (2010), a postura corporal pode ser conceituada como um mínimo de estresse causado na articulação. Seguindo essa perspectiva, mas em uma definição mais técnica, Madeira (1992) afirma que corresponde à manutenção do corpo numa dada posição, traduzindo o resultado de uma atividade muscular permanente, que se opõe ao jogo das diferentes articulações e da força da gravidade. Nesses termos, cada postura corporal depende de determinada distribuição do tônico-muscular, relacionada a todos os músculos do organismo. Obviamente, a adequada distribuição do tônus muscular em uma dada postura corporal é o reflexo do trabalho harmonioso dos diferentes níveis do SNC, que cooperam, quer nas ações reflexas posturais, quer nas ações facilitadoras e inibidoras dos reflexos posturais.

Schmidt e Bankoff (1999) acreditam que a postura corporal não deve ser só observada e analisada em uma concepção física, mas, também, em uma concepção mental, pois, em amplo grau, é uma representação das emoções internas, podendo ser caracterizada por uma somatização da psique – passado e presente –, que submete nosso corpo a posições variadas, consciente e inconscientemente.

De acordo com Holderbaum, Candotti e Pressi (2002), a postura do homem passou por várias alterações no decorrer de sua evolução e da história, de modo que a coluna vertebral, em razão de sua constante posição vertical e das cargas que pressionam determinadas áreas, passou a apresentar doenças e degenerações.

Portanto, pode-se definir postura corporal como a interação entre o ser humano e o meio ambiente, percebida pelos órgãos dos sentidos, na busca de um equilíbrio, segundo uma concepção física (que depende da tonicidade muscular) e mental (cognitivo e emocional), organizada pelo SNC, por meio de estímulos aferentes (recebidos) e eferentes (emitidos).

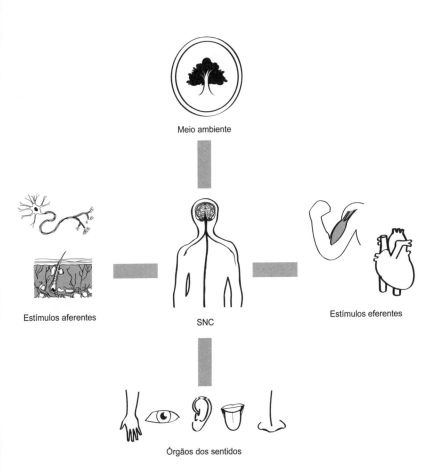

FIGURA 4.2 – Definição de postura corporal.

4.2 Postura corporal no ambiente de trabalho

Na sociedade atual, o corpo humano, de forma geral, está envolvido numa complexa fusão entre os aspectos físico, psicológico e social, inseridos numa compreensão mais completa de saúde. Contudo, o emprego de máquinas alterou substancialmente os padrões comportamentais de atitudes posturais do ser humano, facilitando, segundo a perspectiva de economia e tempo, a vida do homem, gerando acomodações e facilidades em seu cotidiano. Entretanto, em consequência, isso acarretou um impacto sobre a estrutura corporal, provocando alterações musculoesqueléticas, diminuindo o esforço físico e exigindo o incremento da capacidade cognitiva (Pinho e Duarte, 1995).

Já Gonçalves, Silveira e Rombaldi (2001), Teixeira e Vanícola (2001) e Pohl (1997), explicam que, devido à complexidade das ações executadas pelos trabalhadores (sobrecargas mecânicas), a exigência dos elementos anatômicos e fisiológicos na realização de suas tarefas resultará em desordens neuromusculotendinosas.

Zamai et al. (2001), ao se referirem aos problemas posturais, afirmam que

> as alterações morfológicas do sistema locomotor, em virtude de hábitos posturais, associados ao somatório de vida, mais o fator idade, constituem nos dias de hoje uma das mais graves doenças do grupo das crônico-degenerativas.

Indo ao encontro das colocações apontadas anteriormente, Moraes, Moro e Aguiar (2001), em pesquisa feita com motoristas de ônibus, observaram os seguintes resultados:

Tabela 4.1 – Levantamento sobre as principais queixas dos motoristas

Regiões com desconforto corporal	Porcentagem
Cabeça	12%
Coluna cervical	24%
Coluna torácica	15%
Coluna lombar	30%

Constrangimentos corporais (comprometimentos)	Porcentagem
Cadeia posterior	82%
Cadeia anterointerna da bacia	12%
Cadeia anterior do braço	42%
Cadeia anterointerna do ombro	30%

Hábitos de saúde relacionados à prática de atividade física (AF)	Porcentagem
Pratica alguma atividade física	62%

Santos e Ribeiro (2001), ao fazerem um levantamento sobre a interferência da GL em 300 operários da indústria têxtil com a aplicação de questionários, para saber qual a opinião deles sobre a incidência de dores nos segmentos corporais nas atividades profissionais, identificaram:

Tabela 4.2 – Incidência de dores nos segmentos corporais, segundo Santos e Ribeiro (2001)

Dores	Antes da GL (%)	Depois da GL (%)
Cabeça	3	2
Pescoço	20	11
Ombro	20	10
Braço	18	10
Antebraço	18	12
Punho	8,5	4
Mão	8,5	4
Região lombar	50	27
Joelho	24	12
Perna	61	21
Pé	29	16
Média	**23,64**	**11,73**

Santos e Moro (2006), ao avaliarem os efeitos de um programa de exercício físico na empresa (PEFE) em trabalhadores de um centro de informática, observaram os seguintes resultados:

Gráfico 4.1 – Efeitos do PEFE sobre a postura corporal de trabalhadores (%)

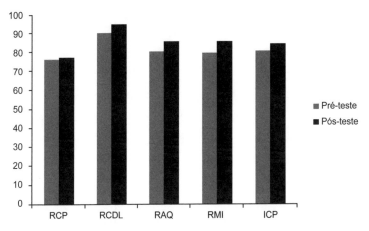

RCP: região da cabeça e do pescoço; RCDL: região da coluna dorsal e lombar; RAQ: região do abdome e do quadril; RMI: região dos membros inferiores; ICP: índice de correção postural.

Contudo, Moraes, Moro e Aguiar (2001) e Santos e Ribeiro (2001), sabendo que os trabalhadores são alvo de muitas doenças ocupacionais, conseguiram comprovar que a prática de atividades físicas dentro e fora do contexto organizacional contribui significativamente para a redução de dores musculares localizadas e a melhora da qualidade de vida, além de trazer benefícios para a empresa, ou seja, aumento da produtividade e diminuição do absenteísmo.

4.3 Força muscular na manutenção da postura corporal

Para que se possa desenvolver um aumento da força muscular no ambiente de trabalho, é necessário que os exercícios sejam executados com a máxima qualidade, gerando tensão nas fibras musculares, pois, de acordo com Nieman (1999), Santarém (1999) e Monteiro (1998), a força muscular é definida como a capacidade de gerar tensão nos músculos esqueléticos em um só esforço; essa força pode ser exercida contra uma resistência, sem, contudo, vencê-la ou ser vencida por esta.

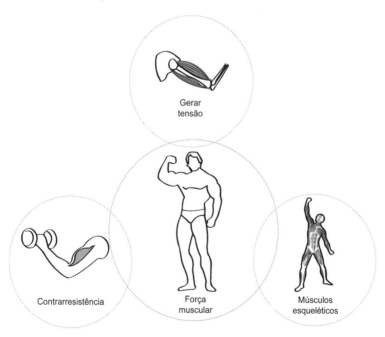

Figura 4.3 – Definição de força muscular.

Para melhor entendimento, Chaffin, Andersson e Martin (2001) dizem que os músculos estão sob o controle direto do SNC, em que a propriedade específica do músculo refere-se à ação ativa de contrair e encurtar, fazendo que o sistema contrátil requeira:

- mecanismo de contração;
- método para estimular e controlar esse mecanismo;
- energia para ativar e manter o mecanismo funcionando.

Para Santarém (1999, p. 40),

> os exercícios localizados, com movimentos relativamente lentos, são provavelmente os ideais para promover estímulo dos proprioceptores capsulares, nos diferentes graus de amplitude das articulações.

Chaffin, Andersson e Martin (2001) destacam que a fadiga reduz a potência muscular, induz ao desconforto e à dor, acreditando-se que, a longo prazo, isso contribua para o desenvolvimento de distúrbios e lesões, pois a alta intensidade de contração muscular leva à fadiga devido, principalmente, às diferenças na composição química das fibras musculares.

Santos e Moro (2006), depois de analisarem os efeitos de um PEFE que promovia a execução de resistência muscular localizada, verificaram as seguintes mudanças nas variáveis neuromusculares:

Gráfico 4.2 – Efeitos do PEFE sobre a força muscular (direita e esquerda combinadas) no teste de preensão manual (kg/f)

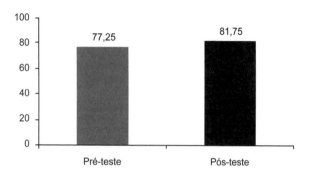

4.4 Flexibilidade na prevenção de doenças ocupacionais

4.4.1 Por que alongar?

Por meio do alongamento, as pessoas procuram aumentar a amplitude de movimento em suas diversas articulações, as quais, com o passar do tempo, tendem a diminuir, redução essa causada principalmente na estrutura ativa do corpo que é a musculatura como um todo. Disso resulta uma série de limitações que afetam a aptidão física do indivíduo, com perda de sua eficiência. A restrição estrutural ao alongamento em sua forma primária é encontrada no tecido conjuntivo e nos tendões dentro e ao redor do músculo. As fibras musculares propriamente ditas não desempenham nenhum papel significativo em termos de alongamento, como muitos imaginam.

4.4.2 Tipos de alongamento muscular

- *Elástico*: atividade de curta duração feita no músculo e de forma repetitiva; o tecido conjuntivo e as estruturas trabalhadas respondem como uma mola. Esses tecidos voltam sempre a seu tamanho original. Tais exercícios em geral são executados de forma ativa pelo próprio praticante.
- *Plástico*: atividade que visa alongar toda a estrutura muscular para causar uma deformação plástica, ou seja, aumentar seu comprimento. É executado especialmente quando o músculo está aquecido. Essa deformação plástica é um aumento gradual, a longo prazo, do comprimento muscular, para aumentar a amplitude do movimento. Esses exercícios são feitos de forma passiva, em geral assistidos por um auxiliar.

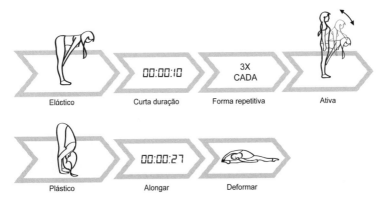

Figura 4.4 – Tipos e características dos alongamentos.

Segundo Nahas (2001), Weineck (1999), Dantas (1999), Nieman (1999) e Achour Júnior (1996), a flexibilidade é a qualidade física responsável pela execução voluntária de movimentos de grande amplitude (movimentação articular), ou sob forças externas nos limites morfológicos, sem o risco de provocar lesão em torno das articulações.

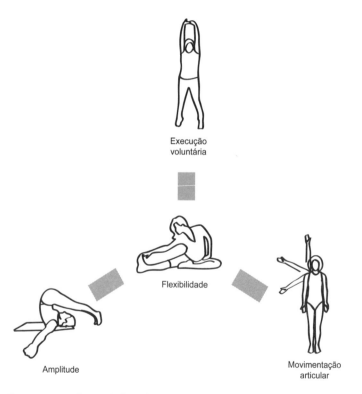

Figura 4.5 – Definição de flexibilidade.

Para o melhor entendimento dessa qualidade física, Dantas (1998) explica que há duas formas de desenvolvê-la: uma pelo alongamento, que visa manter os níveis normais de amplitude articular obtidos sem o auxílio de uma força externa; outra pelo flexionamento, que visa obter uma amplitude articular maior que a normal, necessitando do auxílio de uma força externa.

Conforme Ribeiro-Júnior et al. (2001), Nieman (1999) e Dantas (1998), a diminuição da flexibilidade pode ser influenciada por diversos fatores: hereditariedade, genética, hábitos de vida, idade, sexo, hora do dia, temperatura ambiente, treinamento (exercícios praticados com regularidade) e inatividade física.

De acordo com Araújo (1999), os exercícios de flexibilidade nos programas de atividade física que visam à prevenção e à promoção da saúde representam um componente para a melhora da aptidão física, pois, segundo Achour Júnior (2001), Nahas (2001), Porto et al. (2001), Terra, Lima e Gobbi (2001), Bertazolli et al. (2001) e Nieman (1999), uma boa condição física facilita o desenvolvimento das atividades diárias, melhora a integração das pessoas por meio de atividades esportivas/recreativas, evita a fadiga e os desconfortos posturais, diminui a tensão e o estresse, reduz o risco de lesões musculares e articulares, desenvolve a manutenção do equilíbrio musculoesquelético e, consequentemente, ajuda no funcionamento musculoarticular. Já Coelho e Araújo (2000) vão mais além, afirmando que os programas de atividades físicas também têm sido adotados para proporcionar a melhora da saúde pública e que diferentes estratégias têm sido empregadas para que as pessoas tenham mais acesso a esses programas.

Weineck (1999) afirma que o desenvolvimento ideal da flexibilidade leva à maior elasticidade, mobilidade e capacidade de alongamento dos músculos, ligamentos e tendões, o que contribui para o aumento da tolerância à carga e para a profilaxia de lesões.

Em relação às atividades que promovem a saúde, a flexibilidade pode ser desenvolvida por meio de exercícios estáticos e de alongamento. Achour Júnior (2001), Araújo (1999) e Nieman (1999) afirmam que para desenvolver a flexibilidade é necessário fazer exercícios de alongamento com baixa, moderada ou forte tensão no sistema musculoarticular, ter uma rotina regular em dias alternados e uma periodização que varie de duas a três vezes por semana, para que se possa tentar diminuir o aparecimento de dores musculares.

Weineck (1999) esclarece que o método mais eficaz no treinamento da flexibilidade é o das repetições, mediante exercícios de alongamento e relaxamento. Portanto, é importante que se ampliem e desenvolvam exercícios de flexibilidade no contexto ocupacional.

Mendes et. al. (2001) e Dezan et al. (2001), em estudos realizados com trabalhadores, identificaram que os valores obtidos sobre a flexibilidade se mostraram abaixo dos padrões da normalidade, o que pode ser reflexo da cultura corporal adotada atualmente, em que os movimentos são repetitivos, a amplitude articular é reduzida e os vícios posturais são constantes.

Variáveis corporais que devem ser observadas no ambiente de trabalho

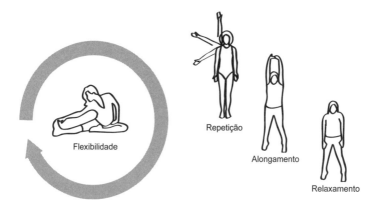

FIGURA 4.6 – Método eficaz de treinamento da flexibilidade para a saúde do trabalhador.

Santos e Moro (2006), ao desenvolverem um programa de ginástica laboral (PGL) com trabalhadores de um centro de informática, verificaram:

Gráfico 4.3 – Efeitos do PEFE sobre a flexibilidade (cm) dos trabalhadores

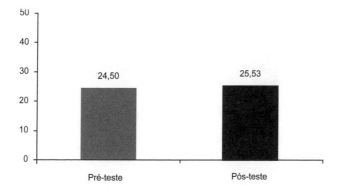

4.5 Aspectos críticos a serem observados na implementação de PGLs

Um fator que preocupa muitos profissionais que recorrem à GL para melhorar a qualidade de vida do trabalhador (QVT) é como despertar o interesse dele em participar do programa e motivá-lo a fazer os exercícios laborais propostos. Esse, sem dúvida, é um ponto delicado da GL, pois, com o passar dos dias, ela pode se tornar repetitiva dependendo das estratégias utilizadas, diminuindo a frequência dos participantes. Sem a participação efetiva da empresa e dos funcionários será quase inviável implantar um PGL.

Tanto é verdade, que Santos e Moro (2006), ao estudarem a adesão dos trabalhadores de um centro de informática, notaram que esta foi decrescendo com o passar dos meses, como se pode observar no Gráfico 4.4.

Gráfico 4.4 – Frequência de participação no PEFE (%)

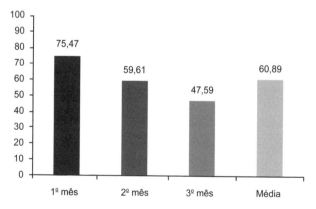

Os principais fatores de não adesão total ao programa relatados pelos trabalhadores foram:

- falta de tempo, em virtude de desenvolverem atividades dentro e fora da empresa;
- dificuldade de compatibilizar os horários para a realização das atividades dos programas, bem como das avaliações, dado o acúmulo de atividades, o excesso de carga de trabalho e a participação em cursos oferecidos pela empresa;
- desmotivação e desinteresse;
- doenças familiares;
- problemas de saúde (licenças médicas).

Para evitar a redução no número de trabalhadores participantes do PGL, é necessário elaborar algumas estratégias para motivá-los, como: variação dos exercícios e da aula (com e sem música), materiais empregados, horário das aulas em períodos alternados (de manhã, de tarde etc.), dinâmica de grupo, palestras de conscientização e orientações bem fundamentadas.

4.6 Fatores críticos que devem ser levados em consideração no desenvolvimento de PGLs

Depois de alguns anos de experiência na área de Ergonomia com enfoque na saúde do trabalhador, pode-se afirmar que, quando se deseja desenvolver um PGL, as situações mais relevantes e que podem auxiliar em alguma tomada de decisão são:

- a maioria das empresas implantam esses programas para fugir da fiscalização da Delegacia Regional do Trabalho (DRT), ou seja, para estar com toda a documentação regularizada;
- desinteresse dos empresários, dos coordenadores e até mesmo dos trabalhadores em aderir às aulas, na maioria das vezes por falta de tempo, ou seja, reuniões, entrega de relatórios e, em algumas vezes, desinteresse;
- algumas empresas implantam o PGL para conseguir certificações, o que transmite uma imagem de preocupação perante o trabalhador e as outras empresas, demonstrado responsabilidade social;
- fornecimento de poucas informações consistentes sobre a importância dos exercícios físicos para a promoção da saúde, da qualidade de vida (QV) e prescrição de exercícios (ações educativas) nas organizações;
- os locais para as aulas, na maioria das vezes, não são apropriados; não há uma cultura de atividades e exercícios físicos dentro e fora das organizações;
- domínio superficial dos conteúdos de Ergonomia e necessidades fisiológicas (aptidão musculoesquelética voltada para a saúde) por parte de quem contrata, assim como de quem presta o serviço;
- planejamento estratégico inadequado para a elaboração, a implementação e o desenvolvimento dos programas;
- falta de comprometimento dos profissionais de Educação Física quando transferem suas responsabilidades para multiplicadores e/ou estagiários;

- diversas subnotificações de doenças ocupacionais pelas empresas e pelos órgãos competentes;
- pouco profissionalismo do empresariado na contratação do serviço, bem como de quem o está oferecendo.

Sabe-se que há inúmeros empresários e profissionais sérios e éticos que se preocupam com a saúde do trabalhador, engajados nos programas de bem-estar, saúde, QV e promoção da saúde, mas a GL ainda está longe de estabelecer-se no mercado como mais uma área forte na Educação Física. Venceram-se muitas barreiras, mas, agora, é preciso seguir pelo caminho da Ciência, mostrando resultados efetivos, com análises estatísticas corretas, periodizações adequadas, emprego de instrumentos científicos, entre outros princípios que qualquer área da Saúde exige.

4.7 Observações a serem feitas antes de iniciar uma sequência de exercícios físicos

Antes do início de qualquer PGL, é extremamente importante conversar com os responsáveis das áreas e com alguns trabalhadores, para verificar como se sentem no posto de trabalho, assim como observar o comportamento do coordenador da área, pois, na maioria das vezes, nem eles queriam que o programa fosse adotado.

Depois desse entendimento, observar, anotar e gravar. Nesta última observação, procurar ao máximo evitar algum tipo de constrangimento no ambiente do trabalho, sem chamar a atenção dos trabalhadores, pois, para eles, você é uma pessoa diferente do contexto deles, que os está observando.

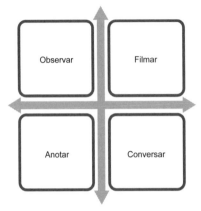

Figura 4.7 – Orientações para uma sequência de exercícios físicos.

Conversando com vários gestores e orientadores de GL no país, percebe-se a necessidade de ressaltar algumas orientações técnicas para um bom desenvolvimento do trabalho:

- verificar quais as articulações mais comprometidas (pescoço, ombro, cotovelo, punho, coluna, quadril, joelhos e tornozelos);
- qual a principal característica da atividade, ou seja, tipo de exigência:
  · *física*: desenvolve muita força muscular (pedreiros, estivadores, marinheiros, caldeireiros, pesadores de produto, pescadores, carregadores de carne, costureiras, médicos, dentistas, motoristas de ônibus, borracheiros, balconistas, cabeleireiros etc.);

- *mental*: desenvolve muito sua capacidade de organização (trabalhadores de informática, empresários, secretárias, auxiliares administrativos, servidores públicos, professores, operadores de *call center*, engenheiros, operadores de sala de controle, capitães de manobra etc.);
- dar autonomia de movimento (liberdade para que os trabalhadores se movimentem como quiserem sem preocupação com a técnica de movimento e com o desempenho);
- os exercícios físicos (EF) devem ser feitos sempre com um preparo da musculatura agônica (que está a favor do movimento) e antagônica (que se opõe ao movimento);
- a sequência de cada EF deve ser feita pelo trabalhador com o máximo de concentração e conscientização de seu corpo;
- cada EF deve ter duração mínima de 15 a 30 segundos e ser repetida pelo menos 3 vezes o lado direito (D) e o esquerdo (E), objetivando dar mobilidade articular de uma forma pela qual o praticante consiga executar esses exercícios com o máximo de conforto possível. Sempre levar em conta o princípio da individualidade biológica.

4.8 Etapas de implementação do PGL

Entre as numerosas estratégias adotadas por diversos prestadores de serviços no país, observam-se as mais importantes e elencam-se sete situações que podem auxiliar na elaboração do PGL:

- Observação do ambiente de trabalho:
  - características das atividades e das tarefas;
  - posturas corporais adotadas para sua execução;
  - histórico dos sujeitos (anammese);
- Programa de ginástica laboral;
- Instrumento de coleta de dados depende dos seguintes objetivos:
  - questionário estruturado (aspectos sociodemográficos, estilo de vida, jornada de trabalho, atividades diárias etc.);
  - testes físicos (massa corporal, estatura, flexibilidade, força muscular, postura corporal, circunferência abdominal, entre outras);
- Categorização dos grupos de trabalho para o desenvolvimento da GL com base nas regiões mais afetadas;
- Determinação dos EF para a recuperação de cada região;
- Determinação de horários para a aplicação dos EF;
- Desenvolvimento dos EF específicos com duração mínima de 15 minutos:
  - *aquecimento*: 2 a 3 minutos;
  - *aplicação dos EF*: 7 a 10 minutos;
  - *relaxamento*: 1 a 2 minutos;
- Reavaliação do programa.

Referências

ACHOUR JÚNIOR, A. *Bases para exercícios de alongamento relacionado com a saúde e no Desempenho Atlético.* Londrina: Midiograf, 1996.

_____. Flexibilidade e saúde: fundamentos, avaliação e treinamento. CONGRESSO BRASILEIRO DE ATIVIDADE FÍSICA E SAÚDE, 3, Florianópolis, 2001. *Anais...* Florianópolis: Universidade Federal de Santa Catarina, 2001. p. 27-9.

ARAÚJO, C. G. S. Avaliação e treinamento da flexibilidade. In: GHORAYEB, N.; BARROS-NETO, T. L. *O exercício:* preparação fisiológica, avaliação médica, aspectos especiais e preventivos. São Paulo: Atheneu, 1999. p. 25-34.

BERTAZZOLI, B. F. et. al. Alterações na flexibilidade das articulações do tronco e do quadril provocadas pelo treinamento com pesos. CONGRESSO BRASILEIRO DE ATIVIDADE FÍSICA E SAÚDE, 3., Florianópolis, 2001. *Anais...* Florianópolis: Universidade Federal de Santa Catarina, 2001. p. 55.

CANADIAN CENTRE FOR OCCUPATIONAL HEALTH AND SAFETY (CCOHS). *Ergonomia para escritórios.* 2000.

CHAFFIN, D. B.; ANDERSSON, G. B. J.; MARTIN, B. B. *Biomecânica ocupacional.* Belo Horizonte: Ergo, 2001.

COELHO, C. W.; ARAÚJO, C. G. S. Relação entre aumento da flexibilidade e facilitações na execução de ações cotidianas em adultos participantes de programa de exercício supervisionado. *Rev. Bras. Cineantrop. Desem. Hum.*, v. 2, p. 31-41, 2000.

DANTAS, E. H. M. F*lexibilidade*: alongamento e flexionamento. 4. ed. Rio de Janeiro: Shape, 1999.

_____. *A prática da preparação física.* 4. ed. Rio de Janeiro: Shape, 1998.

DEZAN, V. H. et al. A flexibilidade de trabalhadores portadores e não portadores de lombalgias. SIMPÓSIO INTERNACIONAL DE CIÊNCIAS DO ESPORTE, 24, São Paulo, 2001. *Anais...* São Paulo: Celafiscs, p. 69, 2001.

ENRIQUEZ, N. N. B.; LORENZETTO, L. A. A postura ereta é sinônimo de boa postura. *Motriz*, Rio Claro, 2001, v. 7, p. 139.

GONÇALVES, A. S.; SILVEIRA, T. D.; ROMBALDI, A. J. Ginástica laboral e qualidade de vida. SIMPÓSIO NACIONAL DE EDUCAÇÃO FÍSICA, 20., Pelotas, 2001. *Anais...* Pelotas: ESEF/UFPel., 2001. p. 163-72.

HOLDERBAUM, G. G.; CANDOTTI, C.T.; PRESSI, A. M. S. Relação da atividade profissional com desvios posturais e encurtamentos musculares adaptativos. *Rev. Movimento*, v. 8, 2002, p. 21-9.

MADEIRA, F. Postura e seus métodos de análise. SIMPÓSIO EUROPEU DE ERGONOMIA, 2., Lisboa, 1992. *Actas...* Lisboa: Universidade Técnica de Lisboa, 1992. p. 57-78.

MAGEE, D. J. *Avaliação musculoesquelética*. 5. ed. Barueri: Manole, 2010.

MENDES, R. A. et. al. A saúde e a prática de atividade física em trabalhadores. SIMPÓSIO INTERNACIONAL DE CIÊNCIAS DO ESPORTE, 24, São Paulo, 2001. *Anais...* São Paulo: Celafiscs, 2001. p. 69.

MONTEIRO, W. D. Medida da força muscular: aspectos metodológicos e aplicações. *Treinamento Desportivo*, v. 3, n. 1, p. 38-51, 1998.

MORAES, L. F. S.; MORO, A. R. P.; AGUIAR, A. P. Avaliação postural e atividade física em motoristas de transporte coletivo. CONGRESSO BRASILEIRO DE ATIVIDADE FÍSICA E SAÚDE, 3., Florianópolis, 2001. *Anais...* Florianópolis: UFSC, 2001. p. 142.

NAHAS, M. V. *Atividade física, saúde e qualidade de vida*: conceitos e sugestões para um estilo de vida ativo. 2. ed. Londrina: Midiograf, 2001.

NIEMAN, D. C. *Exercício e saúde*. Barueri: Manole, 1999.

OLIVER, J; MIDDLEDITCH, A. *Anatomia funcional da coluna vertebral*. Rio de Janeiro: Revinter, 1998.

PINHO, R. A.; DUARTE, M. F. S. Análise postural em escolares de Florianópolis-SC. *Rev. Bras. Ativ. Fís. Saúde*, v. 1, p. 49-58, 1995.

POHL, H. H. *O movimento no trabalho e a qualidade de vida*: um cenário alternativo. 1997. Dissertação (Mestrado em Desenvolvimento Regional) – Universidade de Santa Cruz do Sul, Santa Cruz do Sul, 1997.

PORTO, D. B. et al. Correlação entre a flexibilidade de tronco e quadril e o desempenho motor no teste de sentar e alcançar. CONGRESSO BRASILEIRO DE ATIVIDADE FÍSICA E SAÚDE, 3., Florianópolis, 2001. *Anais...* Florianópolis: UFSC, 2001. p. 84.

RIBEIRO-JÚNIOR, E. J. et al. Relação entre flexibilidade, atividade física e envelhecimento. SIMPÓSIO INTERNACIONAL DE CIÊNCIAS DO ESPORTE, 24., São Paulo, 2001. *Anais...* São Paulo: Celafiscs, 2001. p. 77.

SANTARÉM, J. M. Treinamento de força e potência. In: GHORAYEB, N.; BARROS-NETO, T. L. *O exercício*: preparação fisiológica, avaliação médica, aspectos especiais e preventivos. São Paulo: Atheneu, 1999. p. 35-50.

SANTOS, J. B. *Programa de exercício físico na empresa*: um estudo com trabalhadores de um centro de informática. 2003. Dissertação (Mestrado em Engenharia de Produção) – Universidade Federal de Santa Catarina, Florianópolis, 2003.

SANTOS, J. B; MORO, A. R. P. Programa de exercício físico na empresa (PEFE): um estudo com trabalhadores de informática. *Rev. Bras. Fisiol. Exerc.*, v. 5, n. 1, p. 42-9, 2006.

SANTOS, K. D.; RIBEIRO, R. R. Os benefícios da prática regular da ginástica laboral no ambiente de trabalho. SIMPÓSIO INTERNACIONAL DE CIÊNCIAS DO ESPORTE, 24., São Paulo, 2001. *Anais...* São Paulo: Celafiscs, 2001. p. 111.

SCHMIDT, A.; BANKOFF, A. D. P. Análise postural. *Rev. Bras. Ciênc. Esporte*, Brasília, v. 21, n. 1, p. 782-86, 1999.

TEIXEIRA, L. R.; VANÍCOLA, M. C. Postura corporal nos programas de Educação Física. *Rev. Corporis*, v. 1, p. 7-14, 2001.

TERRA, J. D.; LIMA, J. P.; GOBBI, L. T. B. Análise do efeito da massagem na flexibilidade de atletas de artes marciais. CONGRESSO BRASILEIRO DE ATIVIDADE FÍSICA E SAÚDE, 3., Florianópolis, 2001. *Anais...* Florianópolis: UFSC, 2001. p. 49.

WEINECK, J. *Treinamento ideal*. 9. ed. Barueri: Manole, 1999.

ZAMAI, C. A. et al. Estudo das assimetrias, desvios e desníveis do sistema locomotor por meio de análise postural computadorizada. SIMPÓSIO INTERNACIONAL DE CIÊNCIAS DO ESPORTE, 24., São Paulo, 2001. *Anais...* São Paulo: Celafiscis, 2001. p. 111.

Prevenção de lombalgia por meio de exercícios físicos

Pedro Ferreira Reis | Josenei Braga dos Santos | Antônio Renato P. Moro

5.1 Lombalgia

O termo *lombalgia* e/ou *dores lombares* é muito usado para definir todas as condições de dor localizadas nas costas, em uma área situada entre as últimas costelas e as nádegas, acometendo cerca de 80% das pessoas, em alguma fase da vida (Instituto de Reumatologia – Unifesp, s/d). Sua etiologia é multifatorial, com alta prevalência e incidência, o que sobrecarrega os sistemas de saúde pública de qualquer país e afeta grande parte da população economicamente ativa (Freitas et al. 2011; Helfenstein Junior, Goldenfum e Siena,

2010; Reis et al., 2003; Alencar, 2001; Canadian Centre for Occupational Health and Safety – CCOHS, 2000).

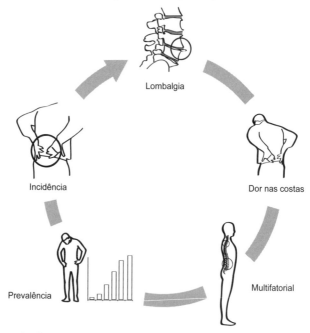

Figura 5.1 – Situações apresentadas nos casos de lombalgias.

Caracteriza-se por um quadro de dor que varia tanto na duração quanto na intensidade, incapacita temporária ou definitivamente para as atividades profissionais e pode levar os trabalhadores à incapacidade laborativa e à invalidez, acarretando sofrimento biopsicossocial e custos às empresas e aos sistemas previdenciário e assistencial de saúde (Helfenstein-Junior, Goldenfum e Siena, 2010; Reis et al. 2003).

Já Ocarino et al. (2009) definem-na como um conjunto de manifestações dolorosas que pode provocar diversas limitações em vários aspectos da vida.

Segundo Alencar (2001), em geral, o quadro ocupacional da lombalgia dura, em média, de um a sete dias, reaparecendo muitas vezes ao longo dos anos, pois algumas profissões geram sobrecarga física, somada a uma postura inadequada ao esforço, o que expõe mais facilmente o trabalhador a lesões de caráter ocupacional.

Diversos pesquisadores, como Anderson e Chaffin (1984), já afirmavam em suas pesquisas que esse mal estaria estreitamente ligado ao encurtamento gradual da musculatura posterior da coxa (isquiotibiais), acabando por imobilizar a articulação do quadril e, em consequência, inclinando para a frente o segmento lombar da coluna vertebral, imposto pelo uso excessivo da cadeira.

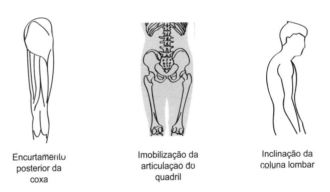

FIGURA 5.2 – Sintomas da lombalgia nos seres humanos.

De acordo com CCOHS (2000) as principais causas de lombalgia ocupacional devem-se a:

- projeto inadequado do local de trabalho;
- postura corporal inadequada;
- levantamento e manuseio de cargas pesadas;

- movimentos forçados de rotação interna e externa;
- trabalho em posição estática;
- posição sentada mantida por tempo prolongado;
- estresse psicológico;
- períodos de descanso inadequados (trabalho repetitivo);
- pouca resistência física.

Para esse centro, a lombalgia pode ser relacionada ao trabalho e se desenvolver gradualmente com o passar dos anos, tendo como características os seguintes sintomas:

- sensação de aperto na região lombar;
- dor no desenvolvimento de atividades em posturas curvadas;
- dor e rigidez ao levantar logo pela manhã ou posteriormente, em pé, após ficar sentado por longas horas;
- dificuldade em estender as costas quando na posição em pé;
- dor súbita e intensa na região lombar, causando dificuldade de se movimentar de um lado para o outro;
- dor lombar irradiando para a coxa e para a perna, com formigamento e insensibilidade nos pés e nos dedos.

Polizelli e Leite (2010), ao abordarem os sintomas da lombalgia, afirmam que a dor é uma experiência multidimensional, com componentes sensoriais, cognitivos, emocionais e comportamentais. Quando seus portadores têm capacidade de avaliá-la, referem-na como algo que incomoda, irrita, chateia, provoca sofrimento, influencia no cotidiano, provocando sensação de medo, insegurança para qualquer tarefa, requerendo adaptações nas atividades da vida diária e acarretando alterações na forma de caminhar, o que os faz adotar posturas que defendam seu corpo da dor.

No Brasil, Reis et al. (2003) afirmam que as categorias mais sujeitas ao aumento da prevalência de lombalgias são: indústria têxtil, dada a permanência por longas horas na posição sentada com diversos períodos de rotação, dependendo da atividade; frigoríficos, pela exigência física e por posturas estáticas prolongadas, repetitividade de movimentos excessivos, fadiga muscular, pelo trabalho monótono e repetitivo; e transporte coletivo e aviação, pelo estresse psicológico, situações climáticas, posição sentada por longa duração e tomada de decisão.

Tais características têm sido alvo de muitas preocupações, em virtude de essas categorias apresentarem uma organização de trabalho que oferece risco à saúde, pois a lombalgia representa 57% das dores manifestadas por trabalhadores que executam suas atividades sentados (Achour Júnior, 1995).

Segundo Barros, Ângelo e Uchôa (2011), a lombalgia é frequente na população economicamente ativa, podendo estar associada a determinadas atividades ocupacionais nas quais o trabalhador permanece sentado diversas horas e em condições antiergonômicas.

A postura sentada, aliada à falta de atividade física, são fatores cruciais na perda da flexibilidade e, consequentemente, no surgimento das lombalgias (Reis et al., 2003).

Postura
sentada

Perda de
flexibilidade

Falta de atividade
física

Figura 5.3 – Componentes que levam à lombalgia.

De acordo com Achour Júnior (1994), o sedentarismo está associado ao estilo de vida atual do ser humano, pois, com o passar dos tempos, o uso da tecnologia limitou ainda mais os movimentos corporais, sendo os meios de transporte e os eletrodomésticos os principais responsáveis.

O sedentarismo está tão presente no cotidiano que um levantamento feito com 2.574 trabalhadores do Sesi de Santa Catarina (2004) apontou que 47% praticavam exercícios ou esporte em seu período de lazer, 33% não praticavam e 20% praticavam regularmente.

Malateaux, Ricci e Fragoso (2011), ao avaliarem 200 adultos da cidade de Santos, com idade entre 40 e 59 anos, com lombalgia, notaram que dessa amostra 159 (79,5%) responderam ter passado por pelo menos um episódio importante e limitante de lombalgia em sua vida e 109 (54,5%) pessoas procuraram tratamento médico para esse episódio doloroso. Outro achado importante foi à correlação positiva encontrada entre lombalgia e manuseio de carga no trabalho.

Segundo Francischetti (1990) e o American College Sports Medicine (ACSM, 1987), já se afirmava que, além das alterações fisiológicas, o ritmo de vida do ser humano sofreria sensíveis mudanças que refletiriam diretamente no cotidiano, pois a partir da Revolução Industrial, ocorrida em meados do século XVIII, devido aos avanços tecnológicos, a mão de obra humana passaria a ser substituída por máquinas, favorecendo cada vez mais a adoção de um estilo de vida sedentário, ou seja, o ser humano passaria a maior parte de sua vida sentado – no trabalho, no transporte e em casa –, e que a prática de exercício físico seria de fundamental importância para a saúde dos trabalhadores, pois os auxiliaria na manutenção da consciência de seu ritmo interno, o que, consequentemente, minimizaria os transtornos de ordem psicossomática.

5.2 Informações sobre a dor lombar crônica (DLC) e suas repercussões na saúde

Contudo, em muitos casos, a origem da lombalgia crônica é uma sobrecarga dos ligamentos da coluna, produzida por desgaste dos discos intervertebrais, defeitos congênitos, enfraquecimento da musculatura ou posturas inadequadas no trabalho ou na prática esportiva.

A epidemiologia da dor lombar crônica (DLC) mostra que sua prevalência no Brasil ainda é desconhecida, ao passo que, no cenário mundial, representa em torno de 23,5% da população em geral, ou seja, níveis epidêmicos (Almeida et al., 2008).

Para Silva, Fassa e Valle (2004) e Malateaux, Ricci e Fragoso (2011), há grande procura pelo tratamento de DLC em virtude de esta ser uma queixa prevalente de origem multifatorial, assim como pelo fato de as demandas em hospitais e clínicas ocasionarem um aumento no custo das despesas com saúde.

Beek, Proper e Eriksen (2006), ao abordarem esse tema, afirmam que uma das medidas mais viáveis para a prevenção de desordens musculoesqueléticas é a ergonomia. Segundo esses autores, tais medidas se dividem em três tipos:

- *intervenção organizacional*:
  - medidas organizacionais, como trabalho em escala, grupos de trabalho, rotatividade, reorganização da linha de montagem ou modificação do sistema de produção;
  - controles administrativos, como a pré-seleção de emprego ou restrição de empregado;
  - programas de reinserção para trabalhadores afastados;
- *intervenção física*:
  - ergonomia de remodelação e/ou modificações técnicas de engenharia de postos de trabalho, máquinas, equipamentos, ferramentas etc.;
  - disponibilidade de movimentação manual, por exemplo, com dispositivos de elevação;

- *intervenção individual no trabalhador*:
  - treinamento dos métodos de trabalho, como técnicas de elevação;
  - atividade física, programa de exercício e de condicionamento físico;
  - sensibilização para a segurança ou ergonomia;
  - proteção individual de equipamentos (cinto para as costas, apoio lombar ou calçado de segurança).

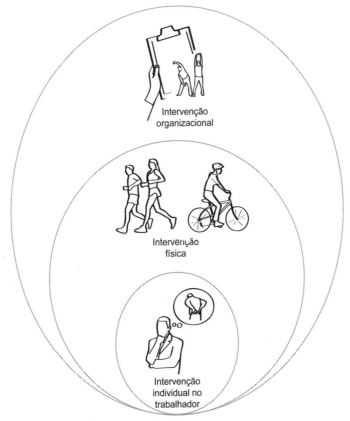

FIGURA 5.4 – Recomendações para o tratamento das DLCs.

Almeida et al. (2008) afirmam que, quando essas dores lombares têm duração superior a seis meses, caracterizam-se como crônicas, determinando elevados custos ao sistema de saúde e afetando vários segmentos sociais e econômicos.

Silva, Fassa e Valle (2004), ao pesquisarem 3.182 indivíduos adultos sobre prevalência e fatores associados à DLC, identificaram idade média de 44 anos (± 16,3 anos); que a posição viciosa de 35,9% era trabalhar em geral ou sempre sentado, 74,4%, em pé, 5,8%, agachado, 4,5%, deitado e 2,9%, ajoelhado, e que cerca de metade deles executava movimentos repetitivos; 19,1% estavam expostos à vibração e/ou à trepidação e 24,4% carregavam peso, em geral ou sempre. A prevalência da DLC foi 4,2% e o tempo médio que a dor perdurou nos indivíduos foi de 82,6 dias (± 14,5 dias). Outro fator de destaque nesse estudo forma as variáveis que se comportaram como fator de risco para DLC e as quais sempre devem ser levadas em consideração ao se estudar esta patologia: sexo feminino, idade avançada, viver com companheiro, escolaridade baixa, tabagismo, IMC elevado, trabalho deitado, carregar peso no trabalho e movimentos repetitivos.

5.3 Postura sentada no ambiente de trabalho

A postura sentada é definida como uma posição em que a massa corporal (peso) é suportada principalmente pelas tuberosidades isquiáticas da pelve e seus tecidos moles adjacentes, em que algumas porções do corpo suportam maior ou menor carga (Anderson e Chaffin, 1984).

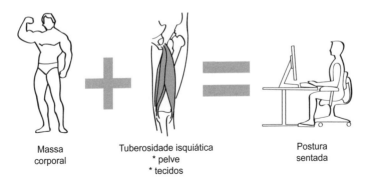

Figura 5.5 – Definição da postura sentada e seus pontos de apoios.

Pelo seu padrão, essa postura faz o sujeito estar sentado ereto sobre uma superfície horizontal, estendido até sua altura máxima, olhando para a frente, os ombros relaxados, com o braço caído verticalmente e o antebraço horizontal, sendo a altura do assento ajustada até que as coxas estejam horizontais e as pernas verticais (Battié et al., 1990).

Para Nachemson e Wortley (1990), as dores nas costas acontecem pelo fato de se permanecer muito tempo sentado, trabalhar-se sentado, locomover-se sentado no meio de transporte, e, depois, ir para casa sentar-se.

O homem, na postura sentada, tenta manter-se com o tronco ereto, submetendo os músculos paravertebrais (musculatura das costas) em constante tensão, sendo esses os responsáveis pela diminuição da flexibilidade do sistema locomotor (Carson, 1993).

A postura sentada apresenta, há muitos anos, grandes problemas e anomalias para a saúde do trabalhador, devido à constante permanência nessa posição por um longo período, causando excesso de esforço físico e pressão nas regiões exigidas (Santos e Ávila, 1999). Marques, Hallal e Gonçalves (2010) afirmam que a manutenção prolongada da postura sentada provoca adoção de posturas inadequadas e sobrecarrega as estruturas do sistema musculoesquelético, o que pode causar dor e lesão na coluna lombar. De acordo com Reis et al. (2003), a postura sentada e a falta de atividade física são fatores cruciais para que haja perda de alongamento muscular e de flexibilidade, o que, em consequência, auxiliará o surgimento das lombalgias.

Conforme Dantas (1984), o aumento da pressão nos discos, nas coxas e nas nádegas, acrescidas de uma postura inadequada, quando mantida por longos períodos, são fatores fundamentais no surgimento de problemas físicos, fadiga e sintomatologia de desconforto.

Dias (1994), ao pesquisar 246 trabalhadores que executavam suas atividades sentados, verificou que a lombalgia foi o desconforto que mais afetou a saúde deles, com 57% das queixas.

O acúmulo de resíduos nos músculos paravertebrais deve-se ao suprimento sanguíneo, provocado pela contração muscular, o que ocorre quando o indivíduo permanece por muito tempo sentado em postura estática (Grandjean, 1998).

Anderson e Chaffin (1984) afirmam que os movimentos de retroversão e anteversão pélvica influenciam diretamente o comportamento da coluna vertebral, sobretudo na lombar; os riscos de dores na porção inferior da coluna são bem maiores nas pessoas que adotam predominantemente a postura sentada.

Barros, Ângelo e Uchôa (2011), depois de estudarem 239 funcionários do setor técnico administrativo de uma instituição de ensino superior da cidade de Recife, identificaram 146 (61%) funcionários sintomáticos, entre os quais a prevalência de DLC foi de 95,2%, sendo maior naqueles com lombalgia ocupacional, a postura sentada, com idade superior a 40 anos, sedentários e que trabalhavam há mais tempo na instituição.

Gutierres et al. (2011) ao estudarem a prevalência e os fatores associados à dor nas costas em 280 profissionais do transporte coletivo da cidade de Pelotas/RS, identificaram que 57,9% tinham esse sintoma. Os motoristas apresentaram prevalência de 59,9% e os cobradores, de 55,8%. Entre os profissionais que relataram dor nas costas, 74,7% referiram que a dor aumentava durante a jornada de trabalho e 41,1% relataram dor em outra região do corpo. Além disso, 42,6% disseram que os dois lados do corpo eram atingidos pelas dores, 27,8% identificaram o hemicorpo direito como o mais afetado e 29,6% o hemicorpo esquerdo. Entre os trabalhadores que relataram dor nas costas, 9,2% tinha feito tratamento fisioterápico para esse sintoma. Outro fator que chamou a atenção nesse estudo é que 65% dos trabalhadores apresentavam sobrepeso/obesidade e pouco mais da metade dos estudados não fazia nenhuma atividade física em seu período de lazer (51,4%).

Já Almeida et al. (2008), depois de entrevistarem 2.297 indivíduos de Salvador sobre a presença de dor lombar, por meio do mapa corporal, identificaram que a prevalência de dor lombar crônica na população foi de 14,7%, com maior frequência entre ex-fumantes (19,7%). O estudo revelou prevalência moderada de dor lombar crônica na população de Salvador e marcante associação com baixo nível de escolaridade, obesidade central e tabagismo.

5.4 Proposta de intervenção por meio de exercícios de alongamento e de flexibilidade

Entende-se por *flexibilidade* a qualidade física responsável pela execução voluntária de movimentos de grande amplitude (movimentação articular), ou sob forças externas nos limites morfológicos, sem o risco de provocar lesão em torno das articulações (ACSM, 2006; Guiselini, 2004; Nahas, 2001; Nieman, 1999; Dantas, 1999; Achour Júnior, 1996). Por isso, quando se priorizam exercícios de alongamento e de flexibilidade para a coluna vertebral e para a musculatura isquiotibial, previne-se o risco de dor e de lesão nessas regiões (Campos e Coraucci-Neto, 2006; Guiselini, 2004; Nahas, 2001; Dantas, 1999; Grandjean e Hünting, 1997).

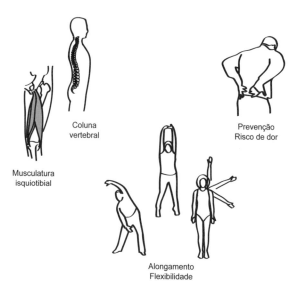

Figura 5.6 – Orientações para prevenção do risco de dor.

Para Klein et al. (1991), com a manutenção de boa flexibilidade nas principais articulações, verifica-se grande melhora nas dores, pois, quanto mais flexível for, menor a propensão à incidência de dores musculares, principalmente nas regiões dorsal e lombar.

A atividade física com alongamentos, conforme Knudson (1998), reduz o atrofiamento muscular, aumenta a flexibilidade, diminui o risco de lesão musculoesquelética, melhora a postura corporal estática e dinâmica. Nos ambientes de trabalho, o alongamento estático é o mais indicado, pois reduz a tensão muscular e a pressão sanguínea, principalmente pelo fato de ser funcional, ou seja, de fácil execução e com baixo risco de lesão.

Um bom alongamento deve ser lento até se sentir um desconforto, e deve ser feito no mínimo três vezes por semana, em um PGL, para que a flexibilidade seja melhorada (Reis et al. 2003).

De acordo com Teixeira (2006) e Achour Júnior (1999), o alongamento estático é uma das técnicas mais adotadas nos programas de treinamento para a aptidão física objetivando saúde e, consequentemente, melhora da flexibilidade, pelo fato de alongar de modo lento e progressivo o grupamento muscular até a maior amplitude articular confortável. Sua prática deve ser em dias alternados, sem desconforto insuportável, procurando-se sustentar a posição durante 20 a 30 segundos, pois se sabe que as maiores amplitudes são obtidas nos 15-20 segundos iniciais, razão pela qual cada articulação deve ser repetida de duas a quatro vezes, em virtude do risco de lesão ser baixo. Requer pouco ou nenhum auxílio externo e seus objetivos estão voltados para a diminuição da tensão muscular e da pressão sanguínea, melhorando o aproveitamento da energia mecânica, o que dá comodidade ao movimento e facilita a aprendizagem das posições.

Essa afirmação é verdadeira, pois Santos, Campos e Xavier (2008), ao desenvolverem um programa de alongamento estático voltado para a promoção da saúde em mulheres com idade entre 30 e 55 anos (frequência de três meses, duas vezes por semana e duração de 30 a 45 minutos), identificaram melhora média de 6% na flexibilidade dessas praticantes, que relataram melhora na qualidade de vida (QV) e mudança de hábitos, principalmente aquelas que estavam com problema de saúde (lombalgia, dores musculares, cãibras, formigamentos, diabetes, colesterol alto, hipertensão e espasmos musculares).

Para se avaliar o alongamento e a flexibilidade, um dos testes mais comumente empregados é o de sentar e alcançar (TSA) de Wells, o qual permite a avaliação da flexibilidade da região inferior da coluna lombar e da região posterior da coxa, mediante o registro da distância máxima alcançada na posição sentada, com uma flexão do tronco e do quadril (Mandal, 1981). É um teste prático, funcional e de baixo custo.

Segundo Mathews (1980), a carência de flexibilidade, em especial na região da coluna e do quadril, sempre esteve associada com maior risco do surgimento de dores lombares, pois 80% das lombalgias eram causadas por níveis de flexibilidade articular reduzidos.

O TSA é extremamente importante para o meio esportivo e educacional, devido à sua alta reprodutibilidade na avaliação da flexibilidade nas regiões da coluna vertebral e dos músculos isquiotibiais, os quais estão associados à maioria das queixas de dor na região lombar (Pollock, Wilmore e Fox 1986).

Para Rasch e Burke (1987), a GL compensatória é a mais indicada, pois pode ser executada no local de trabalho, durante o expediente, agindo de forma terapêutica e visando compensar os músculos mais fadigados no trabalho, além de proporcionarem bem-estar físico, mental e social ao trabalhador.

Soares (1983), ao tratar da posição sentada, afirma que, quando os músculos isquiotibiais e iliopsoas se encurtam, ocorre acentuação da lordose, o que causa dor na coluna. Quando os músculos isquiotibiais estiverem encurtados, a carga na coluna vertebral é maior, provocando lombalgia nessas regiões (Souchard, 1996).

Referências

ACHOUR JÚNIOR, A. *Bases para exercícios de alongamento relacionado com a saúde e no desempenho atlético*. Londrina: Midiograf, 1996.

_____. Alongamento e aquecimento: aplicabilidade da *performance* atlética. *Rev. Assoc. Prof. Ed. Fís. Lond.*, v. 10, p. 50-65, 1995.

_____. Flexibilidade e saúde: fundamentos, avaliação e treinamento. CONGRESSO BRASILEIRO DE ATIVIDADE FÍSICA E SAÚDE, 3., Florianópolis, 2001. *Anais...* Florianópolis: UFSC, 2001. p. 27-9.

_____. Flexibilidade. *Rev. Assoc. Prof. Ed. Fís. Lond.*, v. 9, p. 43-53, 1994.

ALENCAR, M. C. B. *Fatores de risco das lombalgias ocupacionais:* o caso de mecânicos de manutenção e produção. 2001. Dissertação (Mestrado em Engenharia de Produção) – Universidade Federal de Santa Catarina, Florianópolis, 2001.

ALMEIDA, I. C. G. B. et al. Prevalência de dor lombar crônica na população da cidade de Salvador. *Rev. Bras. Ortop.*, v. 43, p. 96-102, 2008.

AMERICAM COLLEGE SPORTS MEDICINE (ACSM). *Guia para teste de esforço e prescrição de exercício*. 3. ed. Rio de Janeiro: Medsi, 1987.

_____. *Manual do ACSM para avaliação da aptidão física relacionada à saúde*. Rio de Janeiro: Guanabara Koogan, 2006.

ANDERSON, G.; CHAFFIN, D. B. *Occupational biomechanics*. Nova York: Wiley, 1984.

BARROS, S. S.; ÂNGELO, R. C. O.; UCHÔA, E. P. B. Lombalgia ocupacional e a postura sentada. *Rev. Dor.*, São Paulo, v. 12, p. 226-30, 2011.

BATTIÉ, M. C. et al. The role of spinal flexibility in back pain complaints within industry: a prospective study. *Spine*, v. 15, p. 768-73, 1990.

BEEK, A. J. V.; PROPER, K. I.; ERIKSEN, H. R. Worksite physical activity programmes in the prevention of musculoskeletal disorders. CONGRESSO BRASILEIRO DE ERGONOMIA, 14.; FÓRUM BRASILEIRO DE ERGONOMIA, 4.; ABERGO JOVEM, 2.; CONGRESSO BRASILEIRO DE INICIAÇÃO EM ERGONOMIA, 2., Curitiba, 2006. *Anais...* Curitiba, 2006. p. 1-17.

CAMPOS, M. A.; COURACCI-NETO, B. *Treinamento funcional resistido:* para melhoria da capacidade funcional e reabilitação de lesões musculoesqueléticas. Rio de Janeiro: Revinter, 2006.

CANADIAN CENTRE FOR OCCUPATIONAL HEALTH AND SAFETY (CCOHS). *Ergonomia para escritórios*. 2000.

CARSON, R. Ergonomically designed chairs: adjust to individual demands. *Occup. Health Saf. Mag.*, p. 71-5, jun. 1993.

DANTAS, E. H. M. Flexibilidade *versus* musculação. *Sprint Magazine*, v. 2, p.108-16, 1984.

_____. *Flexibilidade*: alongamento e flexionamento. 4. ed. Rio de Janeiro: Shape, 1999.

_____. *A prática da preparação física*. 4. ed. Rio de Janeiro: Shape, 1998.

DIAS, M. F. M. Ginástica laboral: empresas gaúchas têm bons resultados com ginástica antes do trabalho. *Rev. Proteção*, p. 29, 1994.

FRANCISCHETTI, A. C. *Trabalho sedentário*: um problema para a saúde do trabalhador. Campinas: Editora da Unicamp, 1990.

FREITAS, K. P. N. et al. Lombalgia ocupacional e a postura sentada: efeitos da cinesioterapia laboral. *Rev. Dor.*, v. 12, p.308-13, 2011.

GRANDJEAN, E., HÜNTING, N. Ergonomics of posture: review of various problems of standing band sitting. *Appl. Ergon.*, v. 8, p. 135-40, 1997.

GRANDJEAN, E. *Manual de ergonomia*: adaptando o trabalho ao homem. 4. ed. Porto Alegre: Bookman, 1998.

GUISELINI, M. *Aptidão física, saúde e bem-estar*: fundamentos teóricos e exercícios práticos. São Paulo: Phorte, 2004.

GUTIERRES, A. et al. Prevalência e fatores associados a dor nas costas dos motoristas e cobradores do transporte coletivo da cidade de Pelotas-RS. *Rev. Bras. Ativ. Fís. Saúde.*, v. 16, p. 240-5, 2011.

HELFENSTEIN JUNIOR, M.; GOLDENFUM, M. A.; SIENA, C. Lombalgia ocupacional. *Rev. Assoc. Med. Bras.*, v. 56, p. 583-9, 2010.

INSTITUTO DE REUMATOLOGIA DA UNIFESP. *Lombalgia*. s/d.

KLEIN, B. et. al. Comparison of spinal mobility and isometric trunk extensor forces with eletromyographic spectral analysis in identifying low back pain. *Phis. Ther.*, v. 71, p. 445-54, 1991.

KNUDSON, D. Stretchings: from science to pratice. *J. Phys. Educ. Recreat. Dance*, v. 69, p. 38-42, 1998.

MALATEAUX, J. M.; RICCI, F. R.; FRAGOSO, Y. D. Investigation of low back pain in a non-hospital population of the coastline of the State of São Paulo. *Rev. Dor.*, v. 12, p. 19-22, 2011.

MANDAL, C. The correct height of school furniture. *Physiotherapy*, p. 70, fev. 1984.

_____. The seated man (Homo Sedens): the seated work position – theory and pratice. *Appl. Ergon.*, v. 12, 1981, p. 9-26.

MARQUES, N. R.; HALLAL, C. Z.; GONÇALVES, M. Características biomecânicas, ergonômicas e clínicas da postura sentada: uma revisão. *Fisioter. Pesq.*, v. 17, p. 270-6, 2010.

MATHEWS, D. K. *Medidas e avaliação em educação física*. Rio de Janeiro: Interamericana, 1980.

NACHEMSON, A.; WORTLEY, M. The role of spinal flexibility in back pain complaints within industry: a prospective study. *Spine*, v. 15, p.768-73, 1990.

NAHAS, M. V. *Atividade física, saúde e qualidade de vida*: conceitos e sugestões para um estilo de vida ativo. 2. ed. Londrina: Midiograf, 2001.

NIEMAN, D. C. *Exercício e saúde*. Barueri: Manole, 1999.

OCARINO, J. M. et al. Correlação entre um questionário de desempenho funcional e testes de capacidade física em pacientes com lombalgia. *Rev. Bras. Fisioter.*, v. 13, p. 343-9, 2009.

POLIZELLI, K. M.; LEITE, S. N. *Quem sente é a gente, mas é preciso relevar*: a lombalgia na vida das trabalhadoras do setor têxtil de Blumenau – Santa Catarina. *Saúde Soc.*, n. 19, p. 405-17, 2010.

POLLOCK, M.; WILMORE, J. H.; FOX, S. M. *Exercícios na saúde e na doença*: avaliação e prescrição para prevenção e reabilitação. Rio de Janeiro: Medsi, 1986.

RASH, R. J.; BURKE, R. K. *Cinesiologia e anatomia aplicada*. 5. ed. Rio de Janeiro Guanabara, 1987.

REIS, P. F. et al. O uso da flexibilidade no programa de ginástica laboral compensatória, na melhoria da lombalgia em trabalhadores que executam suas atividades sentados. CONGRESSO INTERNACIONAL DE EDUCAÇÃO FÍSICA, 18., São Paulo, 2003. São Paulo: FIEP, 2003.

Santos, J. B.; Campos, E. S.; Xavier, A. J. Autopercepção da saúde de mulheres acima de 30 anos após participação em programa de alongamento estático voltado para promoção da saúde. *Rev. Fis. Exer.*, v. 7, p. 123-6, 2008.

Santos, J. B.; Ávila, C. A. V. Estudo da distribuição da pressão exercida sobre a região glútea em costureiras da indústria têxtil Sulfabril – Blumenau/SC. *Dynamys*, n. 7, p. 73-8, 1999.

Serviço Social da Indústria (Sesi). *Estilo de vida e hábitos de lazer dos trabalhadores da indústria catarinense (1999-2004)*. Florianópolis: Sesi, 2004.

Silva, M. C.; Fassa, A. G.; Valle, N. C. J. Dor lombar crônica em uma população adulta do sul do Brasil: prevalência e fatores associados. *Cad. Saúde Pública*, v. 20, p. 377-85, 2004.

Soares, M. M. *Custos humanos na postura sentada e parâmetros para avaliação e projetos de assentos*: "carteira universitária", um estudo de caso. 1983. Dissertação (Mestrado em Engenharia de Produção) – Universidade Federal do Rio de Janeiro, Rio de Janeiro, 1983.

Souchard, E. *O stretching global ativo*: a reeducação postural global a serviço do esporte. São Paulo: Manole, 1996.

Teixeira, J. A. C. Treinamento de força e flexibilidade. In: Sociedade Brasileira de Ortopedia e Traumatologia. *Prescrição e orientação da atividade física*. São Paulo: EPM, 2006. p. 23-9.

Importância da consciência corporal para o programa de ginástica laboral

Josenei Braga dos Santos ı Evelise de Toledo
Sandra de Oliveira Bezerra ı Junara Paiva Pereira Macacini

Antes de iniciar este capítulo, é muito importante observar que, quando se quer iniciar e/ou desenvolver atividades que visam à capacidade física e mental, cujo principal foco é educação em saúde, deve-se observar o meio em que o sujeito vive, assim como saber um pouco mais sobre seus hábitos diários.

De acordo com Aragão, Torres e Cardoso (2001), é preciso considerar que, atrás da repetição e da automatização de movimentos, há um longo processo histórico de compreensão do corpo, que as novas concepções buscam anular, sendo necessário e preciso rever referenciais, conceitos e costumes adquiridos no processo cultural no qual esses seres humanos estão inseridos.

Tais apontamentos servem tanto para coordenadores de prestadoras de serviço em saúde e educação, para gestores e orientadores da ginástica laboral (GL), quanto para o trabalhador, pois, antes de iniciar qualquer exercício físico (EF), é necessário saber como será o processo de execução, a forma de apreensão dos participantes e os benefícios proporcionados pela intervenção.

Uma das estratégias mais viáveis e funcionais é intervir, ou melhor, desenvolver sessões que enfatizem os exercícios por segmento corporal (por exemplo: articulação do pescoço, ombros, coluna etc.), que visem à consciência corporal pelo desenvolvimento da corporeidade do trabalhador, pois, conforme Merleau-Ponty (1945), toda experiência de uma realidade vivida é anterior a qualquer conhecimento, pois o ser humano sempre está inserido no mundo com base na noção de "corpo vivente", sendo o corpo a expressão e a realização da existência de um conjunto de significações vivenciadas.

Importância da consciência corporal para o programa de ginástica laboral

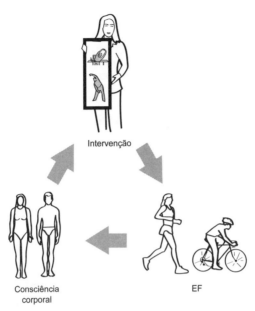

FIGURA 6.1 – Planejamento de intervenção para sequência de exercícios.

O corpo em movimento é uma necessidade da vida cotidiana, dada a sua dinâmica total. Constitui-se em um meio de atender não só às necessidades vitais do ser humano, mas, também, às necessidades sociais, às referências individuais (percepção dos estados de tensão/relaxamento; autoimagem; consciência corporal; autoconceito; busca pela identidade), e destas em relação à sociedade e aos diferentes tipos de comportamentos e estilos de vida: noção de tempo e de espaço em relação ao meio ambiente, a qual se manifesta pela expressão, pela comunicação e pelas atividades: verbais, pictóricas, musicais, corporais, psicomotoras (manipulação, locomoção e tônus postural), percepções de sentido (visual, auditiva, tátil, olfativa e gustativa) e de caráter cognitivo (percepções e cinestésicas), unidas à linguagem (Nanni, 2005).

Neste sentido, Aragão, Torres e Cardoso (2001) e Olivier (1995) afirmam que é muito importante entender que a corporeidade se constitui e faz parte da essência do ser humano, e que se deve relacioná-la à existência do sujeito em uma cultura, pois a corporeidade é resultante de um processo de conhecimento adquirido pelo movimento (hábitos), ou melhor, pela motricidade que ocorre no contexto social, de forma dinâmica, permitindo a interação com outros seres humanos. Dessa forma, a corporeidade está fundada na concepção da motricidade humana, a qual permite compreender o homem em sua totalidade, sem negar suas características biológicas e socioculturais, mas buscando sua perfeita interação.

Ter consciência corporal, segundo Braga e Pederiva (2008), Cavalari (2005), Nanni (2005), Barros (2005), Brandl (2000) e Olivier (1995), significa reconhecer o corpo em seu aspecto biopsicossocial, em sua totalidade, possibilitando a vivência da corporeidade, assim como das partes que compõem esse corpo (órgãos, sistemas, músculos, tendões, articulações e ossos), tendo discernimento das diferentes formas de se movimentar, da postura, da intensidade do tônus muscular, de como o corpo reage em condições normais ou diante de alterações. É tornar possível a percepção acerca de como ocorrem as dores, as tensões, conhecendo e reconhecendo suas limitações e aprendendo a lidar com estas com solidariedade e harmonia. Isso não se resume somente a conhecer, ou a dominar o próprio corpo, mas ter consciência de que "somos um corpo" e de que toda atitude do ser humano é corporal, condição esta fundamental para que haja autonomia e liberdade.

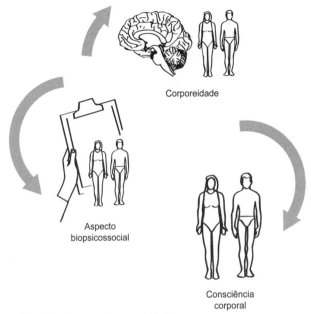

FIGURA 6.2 – Conceituação da corporeidade.

É preciso compreender como a percepção, por meio da consciência corporal, é importante para o desenvolvimento de intervenções. Maeda, Martinez e Neder (2006), ao estudarem 20 mulheres com fibromialgia, segundo os critérios do American College of Rheumatology (ACR), submetidas a 25 sessões de eutonia, comprovaram que houve melhora significativa em relação à intensidade da dor e da qualidade de vida (QV) depois dessas sessões. Tais resultados se mantiveram por um ano, havendo apenas pequena redução na QV.

Portanto, compreende-se que a corporeidade se dá por toda vivência corporal na interação com o meio, em três momentos distintos: *sentir*, *pensar* e *agir*. A corporeidade se configura pela apreensão do praticante, passando única e exclusivamente pela consciência corporal.

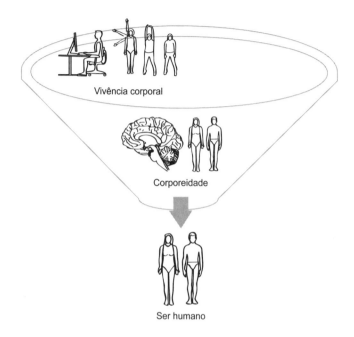

Figura 6.3 – Componentes que desenvolvem a corporeidade.

Depois de entender todo esse processo ao qual os seres humanos estão submetidos, é preciso, no momento em que se estiver ministrando sessões de GL, levar esses fatores em consideração e, principalmente, evitar situações constrangedoras que reprimam os sentimentos dos trabalhadores. Outra orientação necessária é ter o máximo de cuidado na hora de fazer as correções de posturas quando o trabalhador estiver executando o exercício de forma errada, pedindo sempre autorização para mostrar a forma correta e explicar de forma didática, nos termos da cultura local.

Referências

ARAGÃO, M. G. S.; TORRES, N. A.; CARDOSO, C. K. N. Consciência corporal: uma concepção filosófico-pedagógica de apreensão do movimento. *Rev. Bras. Ciênc. Esporte*, v. 22, p. 115-31, 2001.

BARROS, D. D. Imagem corporal: a descoberta de si mesmo. *História, Ciências, Saúde*, v. 12, p. 547-54, 2005.

BRAGA, A.; PEDERIVA, P. A consciência corporal no âmbito da relação "corpo-voz". CONGRESSO DA ASSOCIAÇÃO NACIONAL DE PESQUISA E PÓS-GRADUAÇÃO (ANPPOM), 18., Salvador, 2008. *Anais...* Salvador, 2008.

BRANDL, C. E. H. A consciência corporal na perspectiva da Educação Física. *Cad. Educ. Fís.*, v. 1, p. 51-66, 2000.

CAVALARI, T. *Consciência corporal na escola*. Campinas: Editora da Unicamp, 2005.

MAEDA, C.; MARTINEZ, J.; NEDER, M. Efeito da Eutonia no Tratamento da Fibromialgia. *Rev. Bras. Reumatol.*, v. 46, p. 3-10, 2006.

MERLEAU-PONTY. M. *Phénoménologie de la perception*. Paris: Gallimard, 1945.

NANNI, D. O ensino da dança na estruturação/expansão da consciência corporal e da auto-estima do educando. *Fit. Perform. J.*, v. 4, p. 45-57, 2005.

OLIVIER, G. G. F. *Um olhar sobre o esquema corporal, a imagem corporal, a consciência corporal e a corporeidade*. 1995. Dissertação (Mestrado em Educação Física) – Universidade Estadual de Campinas, Campinas, 1995.

7 Orientações posturais para o desenvolvimento de atividades

Josenei Braga dos Santos

Para que se possa desenvolver atividades com técnica é necessário conhecer as posturas mais eficientes e que causam menos problemas musculoesqueléticos para a saúde, principalmente para a coluna.

Pensando assim, elaboraram-se algumas orientações sobre esse assunto, que causa diversas polêmicas no contexto do trabalho.

7.1 Transporte de carga manual

Antes de transportar qualquer carga, certifique-se de que o piso está limpo e seco, para evitar quedas, tropeções, escorregões ou, até mesmo, lesões provocadas durante ou depois da atividade, priorizando a coluna vertebral.

A postura mais adequada para transportar carga em uma determinada atividade é aquela em que você sempre a aproxima do corpo, com os braços estendidos e se sente o mais confortável possível. Para isso, procure sempre usar os dois braços para transportá-la, mantendo o corpo em equilíbrio e na posição ereta. Evite ao máximo inclinar e girar a coluna rapidamente nesse momento, pois isso leva ao cansaço dos músculos e sobrecarrega os discos intervertebrais, podendo ocasionar graves problemas de coluna.

Sempre que for transportar cargas que estão no chão, mantenha a coluna reta, flexione os joelhos e mantenha os pés apoiados no chão. Essa posição ajuda a prevenir entorses na coluna, torcicolos, distensões musculares e cãibras nas pernas.

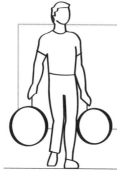

Quando for transportar mais de uma carga, divida o peso ao lado do corpo, com os braços estendidos e bem perto do corpo, buscando evitar tração excessiva na abdução do ombro.

Orientações posturais para o desenvolvimento de atividades

Evite sempre carregar cargas na cabeça, pois isso prejudica os discos da coluna cervical (pescoço). Lembre-se de que nessa região os espaços entre as vértebras são muito estreitos e o carregamento de cargas na cabeça pode reduzi-los ainda mais.

Evite levantar e transportar cargas acima de 23 kg, principalmente acima da cabeça, pois o excesso de peso provoca problemas na coluna (costas), causados por traumas cumulativos; você poderá sentir o desgaste ao longo do tempo, não necessariamente de imediato.

Quando necessário, use equipamentos de transporte de cargas. Ao usar carrinhos, observe se tem pegas de fácil manuseio, se está em bom estado, pois isso evita ferimentos e machucados, principalmente nas mãos.

7.2 Posturas de trabalho em pé

Quando tiver de trabalhar em pé, procure sempre alternar a postura, transferindo o peso de uma perna para a outra, evitando ficar em uma única posição por muito tempo. Por exemplo: com o corpo inclinado para a frente, ou de lado, na ponta dos pés, pois essas posturas por tempo prolongado contribuem para o aumento da tensão nos músculos, nos ligamentos e comprimem os vasos sanguíneos, o que causa dores e desconforto nessas regiões.

Para reduzir esse estado de tensão e inchaços, use sempre um banquinho ou uma caixa para apoiar o pé.

Certo

Errado

Orientações posturais para o desenvolvimento de atividades

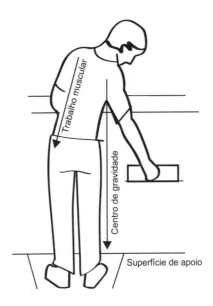

Tenha sempre o hábito de contrair a barriga enquanto estiver em pé, ficando com os ombros alinhados e buscando sempre olhar para a frente.

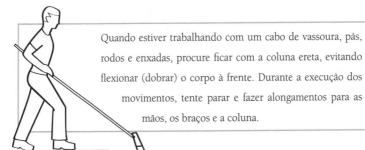

Quando estiver trabalhando com um cabo de vassoura, pás, rodos e enxadas, procure ficar com a coluna ereta, evitando flexionar (dobrar) o corpo à frente. Durante a execução dos movimentos, tente parar e fazer alongamentos para as mãos, os braços e a coluna.

Ginástica Laboral

Quando tiver de desenvolver atividades acima do nível dos ombros, pratique, antes, durante e depois da atividade, exercícios de alongamento para a coluna, para os braços e para as pernas, a fim de reduzir a tensão e melhorar a circulação, criando uma rotina de descansos regulares.

7.3 Empurrar e puxar carga

Tenha sempre um bom calçado e procure sempre manter o pescoço e a coluna retos, o quadril encaixado e os joelhos flexionados. Evite que os joelhos estejam à frente da linha do pé. Os pés devem estar sempre bem firmes e apoiados no chão.

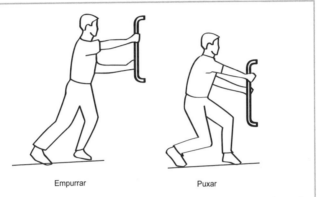

Empurrar   Puxar

Limite as forças para puxar e empurrar usando o peso do corpo a favor do movimento, segurando firme a base de apoio com as mãos. Se for na altura da cabeça, procure permanecer na posição ereta com os pés um pouco afastados, para ter uma boa base de apoio. Já abaixo da linha dos ombros, procure flexionar os joelhos.

Quando for transportar cargas, procure sempre o auxílio de carrinhos ou algo parecido, pois estes auxiliam na execução dos movimentos e ajudam a aliviar tensões musculares e ósseas. *Importante*: esses carrinhos devem ter alças e, pelo menos, duas rodas giratórias em bom estado para facilitar o deslocamento.

7.4 Atividades desenvolvidas no escritório

É neste local em que, geralmente, ocorre a maioria dos problemas musculoesqueléticos, em especial lombalgias, pois as pessoas normalmente trabalham em lugar climatizado, confortável com equipamentos tecnológicos de ponta e se esquecem de que a carga mental imposta pelo desenvolvimento das atividades (diversas horas usando computador, entrega de relatórios, metas, projetos, prazos etc.) também causam situações de tensão muscular que prejudicam a saúde física. Observe que, na maioria das vezes, um simples descuido pode levar a desconfortos posturais, entorses, torcicolos e sucessivas dores lombares.

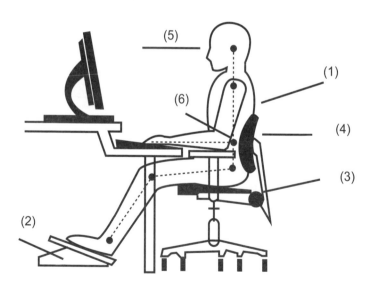

- Procure sentar-se sempre em posição reta e alinhado com o eixo da cadeira (1), mas não fique só nessa posição. Tente, a cada uma hora, alongar-se e movimentar o corpo, sobretudo a região da coluna, pois a alternância de postura auxilia na produção de líquido sinovial, responsável pela lubrificação das vértebras. Caso seus pés não estejam bem apoiados, coloque um apoio para lhes dar maior conforto e aliviar a tensão na região lombar (2).
- A cadeira recomendável é aquela com assento amplo e regulável (3), que acomoda bem o quadril e o encosto apoia toda a coluna (4).
- Ajuste a altura do monitor de vídeo de tal forma que a linha superior deste fique, no máximo, na altura dos seus olhos, nunca acima; e mantenha-o a uma distância de 50 a 70 cm, isto é, aproximadamente a distância de um braço estendido (5).
- A altura certa de sua cadeira de trabalho é aquela em que seus cotovelos permanecem na altura do tampo da mesa (6).
- Quando estiver digitando, posicione o mouse ao lado do teclado, aproximadamente de 5 a 10 cm do teclado, evitando tensão nos músculos dos ombros, dos cotovelos e do punho.
- Quando estiver sentado, ajuste à cadeira de tal forma que sua coluna e suas coxas fiquem bem apoiadas e confortáveis durante o desenvolvimento de sua atividade, pois trabalhar sentado com o tronco inclinado para a frente ou com a coluna vertebral encurvada leva à perda precoce dos discos intervertebrais, por pressão assimétrica sobre a região do disco.

> Tente não colocar objetos pesados ou documentos em gavetas que estejam muito próximas do chão, para evitar dores nas costas.

> Ao telefone, evite a torção do tronco ao atender os chamados, pois essa posição pode causar torcicolos e dores musculares nessa região.

7.5 Uso de *notebook* na cama como forma de trabalho

Trabalhar em casa é uma das melhores recomendações na pós-modernidade; não há chefe no pé, falatórios, horários, enfim, todas as situações que o trabalho exige. Com isso, trabalhar com o *notebook* na cama é o ideal, mas cuidado com a postura, pois nessa posição o pescoço e os ombros geralmente ficam inclinados e projetados à frente, quase não havendo apoio para as costas, o que não é recomendável, pois toda massa corporal está centrada nos quadris, pressionando-os na cama, os vasos sanguíneos ficam comprimidos pelo peso do aparelho, os pés ficam cruzados dificultando a circulação e causando desconforto na região glútea.

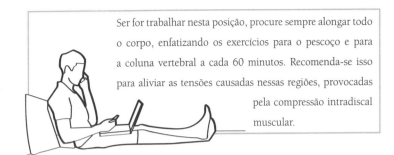

Ser for trabalhar nesta posição, procure sempre alongar todo o corpo, enfatizando os exercícios para o pescoço e para a coluna vertebral a cada 60 minutos. Recomenda-se isso para aliviar as tensões causadas nessas regiões, provocadas pela compressão intradiscal muscular.

7.6 Uso do carro

Nas grandes capitais, as pessoas passam, no mínimo, de uma a duas horas dirigindo, enfrentando o trânsito e, acima de tudo, situações de tensão, o que projeta a cabeça à frente, desalinhando o resto dos segmentos corporais.

Ser for dirigir e ficar mais de uma hora ao volante, procure, sempre que possível, parar em postos de gasolina para alongar a musculatura, enfatizando os membros superiores, pois a permanência nessa posição pode desencadear alterações posturais. Um exercício excelente é se espreguiçar, pois alonga todas as articulações sem esforço.

Sequência de exercícios compensatórios para melhora da postura no ambiente de trabalho

Josenei Braga dos Santos ı Alexandre Crespo Coelho da Silva Pinto ı
Evelise de Toledo

Antes de se iniciar qualquer programa de ginástica laboral (PGL) é muito importante traçar uma estratégia de trabalho para demonstrar organização e facilitar o entendimento e a execução pelos trabalhadores. Para que sua sessão tenha sucesso e adesão dos praticantes, procure sempre elaborar uma sequência de exercícios condizente com a realidade e de fácil execução.

Para facilitar esse entendimento, adiante há uma série de exercícios que podem auxiliar no desenvolvimento das sessões. A frequência semanal deverá ser de, no mínimo, três vezes. Cada exercício deverá ter um tempo mínimo de execução de 10 a 30 segundos para cada lado (direito e esquerdo), com duas a três repetições. Mas, lembre-se: às vezes, nem todos conseguem praticar por esse período, por isso, faça adaptações e adequações até alcançar seu objetivo.

Outra orientação importante é tentar fazer exercícios de alongamento e de flexibilidade que visem ao aquecimento articular e fisiológico, assim como respeitar a individualidade biológica de cada trabalhador. Normalmente, no início de qualquer PGL, os trabalhadores executam movimentos sem muita técnica. Nesse momento, o mais importante é fazê-los relaxar as musculaturas, sobretudo do pescoço, da coluna lombar e dos joelhos, regiões mais acometidas pelo fato de permanecerem muito tempo sentados ou em pé.

No inverno, como a temperatura em geral está mais baixa, as pessoas ficam mais mal-humoradas, tensas e são mais resistentes à prática da ginástica laboral (GL). Tente ser o mais criativo possível. Evite fazer exercícios respiratórios em locais em que há muita poeira, como carvoarias, caldeiras, marcenarias, depósitos, dado ao risco de a inalarem etc.

Quando as mulheres estão em período menstrual, evitam praticar exercícios de abdução de pernas, com muitos alongamentos, pois, na maioria das vezes, alegam desconforto. Já os homens são mais resistentes a praticar os exercícios físicos (EF), mas, quando gostam, é o momento em que se soltam e começam a fazer brincadeiras, contam piadas, espontaneidade esta que colabora na socialização e na integração dos trabalhadores. Fique atento para não exagerarem e criarem situações constrangedoras, pois isso pode prejudicar o clima organizacional e eles podem perder o respeito por você, dada sua ausência ou falta de atitude para pôr fim a esse tipo de comportamento. Lembre-se sempre de que a base para o sucesso são três palavras-chave: *respeito*, *ética* e *conhecimento*.

Como foi mencionado no início do capítulo, a seguir apresentamos uma sequência de exercícios compensatórios que tentam aliviar as tensões geradas pelo trabalho e, ao mesmo tempo, propiciar um ambiente agradável. Todos os exercícios devem levar em consideração à capacidade de cada indivíduo. É recomendado que se permaneça pelo menos 10 segundos em cada postura.

8.1 Posturas em pé

8.1.1 Alongamento total

- Espreguiçar todo o corpo de forma suave e agradável, tentando ficar nas pontas dos pés.

Figura 8.1a – Espreguiçamento total.

Figura 8.1b – Espreguiçamento total.

8.1.2 Articulação do pescoço

- Girar o pescoço uma vez para a direita e outra para a esquerda, tentando aproximar o queixo do ombro.

Figura 8.2a – Rotação do pescoço.

Figura 8.2b – Rotação do pescoço.

- Flexionar o pescoço uma vez para a direita e outra para a esquerda, com o auxílio das mãos, procurando aproximar a orelha dos ombros.

Figura 8.3a – Flexão do pescoço com auxílio das mãos.

FIGURA 8.3b – Flexão do pescoço com auxílio das mãos.

- Hiperestender o pescoço, procurando deixar o queixo o mais afastado possível do tórax.

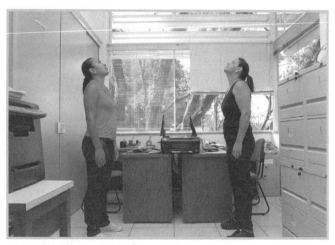

FIGURA 8.4 – Hiperextensão do pescoço.

- Girar o pescoço, procurando fazer que o queixo fique perto do tórax no início do exercício e, em seguida, perpasse toda a região do pescoço.

Figura 8.5a – Circundução do pescoço.

Figura 8.5b – Circundução do pescoço.

8.1.3 Articulação do ombro

- Girar os ombros para frente e para trás, deixando-os o mais soltos possível.

FIGURA 8.6a – Rotação de ombro.

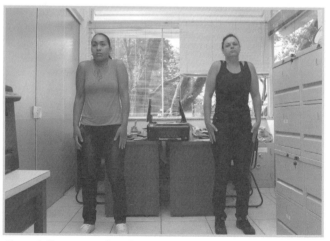

FIGURA 8.6b – Rotação de ombro.

- Abduzir os ombros, com aplicação de força na articulação do cotovelo (lados direito e esquerdo).

Figura 8.7a – Abdução do cotovelo.

Figura 8.7b – Abdução do cotovelo.

- Com as mãos unidas atrás do corpo, estender os braços, tentando formar um ângulo de 90 graus. Algumas pessoas têm dificuldade de estender os cotovelos nesse exercício porque ficam muito tensas no momento de execução. Crie estratégias para descontraí-las e relaxá-las.

Figura 8.8 – Extensão da coluna.

8.1.4 Articulação da coluna

- Em pé, com as pernas unidas, fletir o tronco à frente, procurando relaxar toda a musculatura dos membros superiores, tentando encostar a ponta dos dedos no chão. A maioria dos trabalhadores tem dificuldade de estender os joelhos, pelo fato de permanecerem muito tempo sentados. Outra orientação é, no momento em que se estiver subindo, procurar voltar devagar com o objetivo de evitar tonturas.

Figura 8.9 – Flexão de tronco.

- Com as pernas afastadas na largura dos ombros, fletir o tronco à frente, procurando segurar os tornozelos com as mãos.

Figura 8.10 – Flexão de tronco com auxílio das mãos.

- Com as pernas afastadas na largura dos ombros e os joelhos semiflexionados, procurar inclinar o corpo lateralmente, uma vez para a direita e outra para a esquerda, flexionando o braço sobre a cabeça.

Figura 8.11 – Inclinação lateral do tronco.

- Com os pés afastados, procurar girar os ombros, uma vez para a direita e outra para a esquerda, tentando alinhar o ombro numa posição reta.

Figura 8.12a – Rotação de tronco.

Figura 8.12b – Rotação de tronco.

8.1.5 Articulação do quadril

- Com os pés afastados e as mãos na cintura, procurar girar os quadris, uma vez para a direita e outra para a esquerda, tentando deixar essa articulação bem solta.

Figura 8.13a – Circundução dos quadris.

Figura 8.13b – Circundução dos quadris.

Figura 8.13c – Circundução dos quadris.

- Com os pés afastados, fletir lateralmente os quadris, procurando fazer balanceios alternados para a direita e para a esquerda.

Figura 8.14a – Balanceio dos quadris.

Figura 8.14b – Balanceio dos quadris.

8.1.6 Articulação do punho

- Com os braços estendidos à frente, abrir e fechar as mãos com o máximo de força possível.

Figura 8.15 – Extensão de punhos.

- Com os braços estendidos à frente, girar os punhos para dentro e para fora, procurando relaxar essa musculatura.

Figura 8.16 – Rotação de punho.

8.1.7 Articulação do joelho

- Flexionar uma das pernas e, com a mão contrária, segurá-la atrás do corpo, procurando trazer o tornozelo o mais próximo da região glútea. Por exemplo: flexionar o joelho esquerdo e segurá-lo com a mão direita.

FIGURA 8.17a – Flexão de joelho.

FIGURA 8.17b – Flexão de joelho.

- Com as pernas afastadas, contrair toda a musculatura das pernas direita e esquerda, buscando elevar os quadris.

FIGURA 8.18 – Extensão de joelhos.

8.1.8 Articulação do tornozelo

- Com uma das pernas suspensas, girar o tornozelo para dentro e para fora.

Figura 8.19 – Circundução do tornozelo.

- Com uma das pernas suspensas, flexionar e estender o tornozelo (dorsoflexão).

Figura 8.20a – Dorsoflexão do tornozelo.

Figura 8.20b – Dorsoflexão do tornozelo.

8.2 Postura sentada

8.2.1 Articulação da coluna

- Estender os ombros acima da cabeça, deixando o pescoço ereto.

Figura 8.21 – Extensão da coluna.

- Fazer uma rotação da coluna com os braços elevados na altura dos ombros.

Figura 8.22a – Rotação de coluna.

Figura 8.22b – Rotação de coluna.

Colaboradores

Alexandre Crespo Coelho da Silva Pinto

Mestre e doutorando em Ergonomia pela Universidade Federal de Santa Catarina (UFSC). Atualmente, é coordenador do curso de Fisioterapia da Universidade Federal do Pampa (Unipampa). Pesquisa e atua nas áreas de Ergonomia, Biomecânica Ocupacional, Fisioterapia e Prevenção de Alterações Musculoesqueléticas.

Antônio Renato Pereira Moro

Doutor em Ciência do Movimento Humano pela Universidade Federal de Santa Maria (UFSM). Atualmente, é professor dos programas de pós-graduação em Educação Física e em Engenharia de Produção, e do curso de graduação em Educação Física na Universidade Federal de Santa Catarina (UFSC). Desenvolve pesquisas e consultorias na área de Ergonomia e Biomecânica Ocupacional, é ergonomista sênior da Associação Brasileira de Ergonomia (Abergo). Atuou como pesquisador da Rede Integrada em Ergonomia com projetos na Brasil Telecom, Petrobras e Aurora, coordena o Centro de Excelência do Esporte (Cenesp) e o Laboratório de Biomecânica no Centro de Desportos da Universidade Federal de Santa Catarina (Biomec/CDS/UFSC). Pesquisa e atua nas áreas de Ergonomia, Biomecânica ocupacional e Educação Física.

Evelise de Toledo

Pós-graduanda em Medicina do Esporte e da Atividade Física pela Universidade Gama Filho (UGF), Profissional de Educação Física pela Escola Superior de Educação Física (Esef/Jundiaí), tem formação em Acupuntura pelo Centro de Estudos em Acupuntura e Terapias Alternativas (CEATA) e foi orientadora de Ginástica Laboral na Laborellu. Atualmente, é professora de ginástica, musculação e *spinning* pelo Clube de Campo Bragança (CCB), coordenadora do ciclo de palestras do CCB e sócia-proprietária da E & S Fitness, na qual atua como *personal trainer*. Desenvolveu metodologia sobre periodização em ginástica de academia e pesquisa sobre preparação física, ginástica de academia, treinamento funcional, musculação e condicionamento físico.

Junara Paiva Pereira Macacini

Mestranda em Ciências da Saúde na área de concentração em Qualidade de Vida pela Universidade Federal de Uberlândia (UFU). Professora do curso de Educação Física da Faculdade Presidente Antônio Carlos (Unipac/Uberlândia) desde 2006, é coordenadora do Projeto Vida Saudável – Qualidade de Vida no Trabalho da Unipac/Uberlândia e coordenadora de estágios nessa instituição. Pesquisadora-colaboradora do Projeto de Atividade Física e Recreativa para a Terceira Idade – Afrid da UFU. Palestrante na área de Atividade Física e Qualidade de Vida.

Pedro Ferreira Reis

Doutor e mestre em Ergonomia pela Universidade Federal de Santa Catarina (UFSC) e mestre em Educação Física pelo Universitário Católico do Sudoeste do Paraná. Atualmente, é coordenador e professor da Faculdade de Educação Física de Foz do Iguaçu (FEFFI), professor do curso de Fisioterapia do Instituto de Ensino Superior de Foz do Iguaçu (IESFI), professor da Secretaria Estadual de Educação do Estado do Paraná e delegado-adjunto da Federação Internacional de Educação Física (Fiep). Pesquisa e atua nas áreas de Ergonomia, Biomecânica Ocupacional, Fisioterapia e Educação Física.

Sandra de Oliveira Bezerra

Pós-graduada em Dança e Consciência Corporal pelas Faculdades Metropolitanas Unidas (FMU). Atualmente, é professora da academia Gaviões de São Paulo. Já coordenou o Departamento de Ginástica e Musculação da Associação Atlética do Banco do Brasil (AABB) em Fortaleza-CE. Atuou como professora nas escolinhas de Esportes Infantis do Esporte Clube Hebraica. Foi instrutora de Atividades Físicas Gerais na Associação Cristã de Moços (ACM) Pinheiros e Condomínio Ilha do Sul/Pinheiros. Recreacionista nas Colônias de Férias do Sesc (Bertioga e Satélite/Itanhaém) e AABB, entre outros. É colaboradora e tradutora do material de Certificação Internacional da Schwinn Cycling Quality, nível prata/bronze, de Bike Indoor para a Fitness Brasil (2011) e colaboradora da Fitness Mais/Escola de Excelência Profissional, em São Paulo.

Sobre o Livro
Formato: 14 x 21 cm
Mancha: 10 x 17 cm
Papel: Offset 90g
nº páginas: 176
Tiragem: 2.000 exemplares
1ª edição: 2014

Este livro segue o novo
Acordo Ortográfico
da Língua Portuguesa

Equipe de Realização
Assistência editorial
Liris Tribuzzi

Assessoria editorial
Maria Apparecida F. M. Bussolotti

Edição de texto
Gerson Silva (Supervisão de revisão)
Dyda Bessana (Preparação do original e copidesque)
Roberta Heringer de Souza Villar e Diego Hungria (Revisão)

Editoração eletrônica
Évelin Kovaliauskas Custódia (Capa, projeto gráfico e diagramação)
Ricardo Howards (Ilustrações)

Fotografia
diego_cervo | iStockphoto (Foto de capa)
André Magalhães Liza (Fotos de miolo)
Patrícia Cintia de Moraes e Veronica Lino Baptista (Modelos | Fotos de miolo)

Impressão
Intergraf